NEUTRISER

Lila Braunschweig

NEUTRISER

Émancipation(s) par le neutre

Collection TRANS

Éditions Les Liens qui libèrent

TRANS

Une collection dirigée par Raphaël Liogier et Dominique Quessada

---

Penser à travers, et pas à tort

Nous éprouvons aujourd'hui quasi physiquement la dissolution du sol de nos certitudes. Avec des questions sous-jacentes : Que penser et comment devenir ? Comment vivre avec l'incertitude ? Comment réconcilier pensée et réel ? Comment habiter le monde ? Sur quelles idées s'appuyer ? Comment faire advenir ce qui pourrait être ? La collection TRANS se situe dans cette perspective. TRANS, parce qu'elle accueille des textes de celleux qui pensent et qui vivent les transitions. Celleux qui pensent à travers, et pas à tort. À travers les frontières, les assignations, les disciplines, les certitudes, les identités, les souverainetés, les renfermements, les replis sur soi, à travers toutes les clôtures. Il s'agit de déployer des idées vitales et inévitables, sans faux semblants intellectualistes, pour repenser notre rapport au monde. Nous aimerions que cette collection soit le lieu où une approche sensible, émotionnelle des questions théoriques puisse voir le jour, où soit transmise la vive émotion qui sourd des théories. Pour déployer cette approche déspécialisée, TRANS accueille des auteurs en provenance d'horizons divers, allant de la philosophie à la littérature, en passant par les sciences et les techniques.

ISBN : 979-10-209-1048-6

Ce livre est un exercice d'imagination et une proposition politique élaborés à partir de l'idée contre-intuitive que le concept de *neutre* contient une perspective émancipatrice encore inexplorée. Qu'il a, si on le pense comme une stratégie et une pratique, un rôle à jouer dans l'articulation et les tentatives de résolution de quelques-uns des problèmes pressants qui se posent actuellement à nous, celui d'abord de la lutte contre certaines exclusions, marginalisations et violences traversant nos collectivités, celui ensuite de la composition de mondes plus vivables pour tou·tes.

Note sur l'écriture inclusive

Le texte est écrit selon certains des principes de l'écriture dite inclusive. Le langage joue un rôle symbolique trop important pour qu'on laisse s'y reproduire impunément la prégnance du masculin et son monopole sur des expressions censées désigner des corps et des personnes de tous les genres.

Des formes épicènes ont été privilégiées quand cela était possible « personne », « gens », « partenaire », etc. Dans les autres cas, le point médian (·) est utilisé. Il ne vise pas à décrire un ensemble qui serait composé d'hommes *et* de femmes, ou à rappeler qu'il y a toujours des hommes *et* des femmes, mais surtout à suspendre la reproduction de la règle qui associe le masculin au général et efface ainsi d'office du champ de l'imagination tout ce qui n'est pas masculin. Pour les pronoms, les formes «iels», et «celleux» se veulent aussi des formes générales de «ils et elles», et «celles et ceux» et doivent pouvoir désigner des individus de genre féminin, de genre masculin ou qui ne se reconnaissent ni dans l'un ni dans l'autre.

Afin de faciliter la lecture, dans les cas où les pronoms au pluriel renvoient à un ensemble de concepts ou d'éléments non humains (le neutre et la douceur par exemple), l'usage du masculin général a été préféré à l'accord de proximité.

CHAPITRE I

Altérer les paradigmes

Le neutre et la neutralité

La puissance du neutre a été tue trop longtemps. Mais comment la dire, par où commencer puisque le neutre semble d'abord être ce qui est indicible et insensible ou plutôt ce qui s'exprime à demi-mot, s'écoute d'une oreille flottante, apparaît quand on ne s'y attend pas, quand on regarde ailleurs ?

Je propose de raconter une autre histoire du neutre, de donner à voir un neutre radicalement différent de ce qu'on y entend généralement. Cet autre neutre sera distingué de sa forme plus courante et plus répandue que je nommerais, par souci de clarté sémantique « neutralité ». Le premier est un doux monstre dormant silencieusement, enseveli sous les conceptions rebattues de la seconde, ses acceptions bien connues et les idées qui circulent à son propos.

Ce neutre-là, dont les contours encore flous seront dessinés dans ce qui suit, *neutrise* au lieu de *neutraliser*. Là où la neutralité, se pensant désengagée, embrasse en réalité le *statu quo* des forces en présence se situant ainsi irrémédiablement du côté des groupes qui y ont l'avantage, le neutre libère par le déplacement des oppositions, par le pas de côté devant les alternatives auxquelles on pensait ne jamais pouvoir échapper.

La neutralité de sens commun est un concept mou, une position indéterminée qui refuse de prendre parti, de formuler un jugement ou de trancher un conflit. La neutralité est grise, terne et manque cruellement de courage. Elle fait le dos rond ou la sourde oreille devant une bataille ou une dispute, face à une scène de violence, de domination ou de massacre. Elle instille en nous cette petite voix rassurante, déculpabilisante : « Ce ne sont pas mes affaires. Qu'iels se débrouillent, ce n'est tout de même pas moi qui les ai poussé·es à se battre ».

La neutralité ne sait pas choisir entre deux couleurs, deux intensités, deux émotions. Elle oublie que les tons les plus ternes sont aussi des couleurs. Elle élit l'indifférence et condamne les vivacités au profit d'une flegmatique tempérance. La neutralité n'est pas une pratique, elle n'est ni un style de vie ni une éthique incarnée. Elle est simplement une position, un moule dans lequel se fondre, un masque à endosser, une grotte où se cacher loin des tumultes du monde, un regard toujours détourné. S'il fallait lui trouver un avatar animal, la neutralité, sans doute, pourrait revêtir l'apparence d'une autruche.

Neutralité : fadeur des mots trop longtemps retenus, insipidité d'une teinte qui cherche sans cesse à s'effacer, impuissance d'un geste ou d'une parole qui voudrait rester indéfiniment sans effet.

C'est là néanmoins que se loge un vaste malentendu, car la neutralité même dans sa forme la plus passive n'est jamais sans effet. Aussi profondément qu'elle puisse enfouir sa tête dans le sol, l'autruche fait toujours partie du monde qui doit bien s'accommoder de sa présence. Elle ne flotte pas, seule, détachée des autres particules dans un univers où l'on pourrait choisir de n'être d'aucun parti. La passivité affecte le monde, autant qu'elle est par lui affectée.

L'affection en question, un peu différente des affections ordinaires, consiste à contribuer à l'édifice perpétué des rapports de force en présence, à les protéger, leur donner une raison de plus de persister. La neutralité-passivité, sans parti déclaré, *affecte par neutralisation.* C'est son inaction qui neutralise. La tierce personne ou le tiers collectif qui refuse de prendre part à un rapport de force neutralise les potentialités de celleux qui n'y ont pas l'avantage. Ils confirment, font leur, la loi du plus fort, et advienne que pourra.

Au fond, la neutralité qui peuple nos imaginaires, la première image qui nous en vient, c'est la Suisse pendant la Seconde Guerre mondiale qui laisse passer les trains et cache dans ses coffres les tableaux dérobés.

Se dire neutre consiste ainsi généralement à refuser de s'engager dans la conflictualité tout en épousant les intérêts des parties du conflit qui détiennent la majorité des ressources symboliques et matérielles. La neutralité embrasse les cadres actuels du monde, les normes hégémoniques et les grandes oppositions pour s'employer à les préserver. Elle œuvre pour la structure même de l'ordre social que ce soit intentionnellement ou par concours de circonstances.

Le laisser-faire ordonné par la doctrine économique dominante constitue une autre image de la neutralité passive et neutralisante. L'abstention de l'État, de son pouvoir et de ses lois face au marché est bien au premier abord un refus de prendre parti dans des rapports antagonistes entre différents acteurs économiques – salarié·es et chef·fes d'entreprise, producteur·rices et consommateur·rices, multinationales et entreprises familiales, héritier·es-rentier·es et enfants d'ouvrier·es et d'employé·es, etc.

Mais de la part d'une entité capable de structurer les relations sociales de telle ou telle façon avec la force du droit, ce laisser-faire est aussi un interventionnisme passif en faveur du *statu quo* économique. Un gouvernement qui s'abstient d'intervenir a toujours un effet, une responsabilité dans les phénomènes qu'il laisse advenir, les relations de pouvoir sur lesquelles il décide de fermer les yeux, puisqu'il leur accorde par sa passivité la légitimité de la loi. Il contribue ainsi à la perpétuation de la domination des un·es *sur* les autres, de l'exploitation des un·es *par* les autres. L'abstention de la loi, son silence, autorise des pratiques et surtout des relations sociales, leur confère une dimension naturelle et, dans le même temps, concourt à les légitimer et à les produire. Autrement dit, la neutralité n'est jamais neutre.

Elle fait l'objet d'un accaparement par les dominants, par les majorités qui teintent son contenu, ses procédures et ses pratiques de leurs intérêts, de leurs valeurs et de leurs expériences du monde. Affirmer qu'une institution, une loi, une règle ou un collectif est neutre revient souvent à s'aveugler sur la mainmise qu'y déploie une majorité culturelle, ethnique, religieuse, économique ou sexuelle.

La neutralité, c'est ainsi toujours le subterfuge d'une domination pour se faire accepter, neutraliser les résistances, les différences et les variations à la norme. Si la norme est neutre, si elle n'est pas reliée aux intérêts d'une situation sociale, alors elle peut légitimement tou·tes nous obliger. C'est bien le cours des choses. Et toute expression de rébellion, toute volonté de s'en émanciper ou de lui opposer d'autres normes est nécessairement à évacuer, à annihiler, à neutraliser : illégitime.

La neutralité stérilise les possibilités de transformation et de changement, elle se situe toujours du côté de la persistance de l'ordre du monde tel qu'on le connaît avec ses relations de pouvoir qui nous divisent, enferment nos potentialités, empêchent l'action collective et limitent sans cesse les occasions de rendre le monde plus praticable.

Mais en se contentant de ne voir que les neutralisations opérées par la neutralité, on néglige une forme méconnue du neutre. Un neutre qui transforme le monde en suspendant la reconduction implacable des rapports de force et des oppositions qui construisent ce monde tel qu'il est. Dans la perspective de la neutralité, on ne peut qu'*être* neutre. La neutralité est un prédicat qui neutralise. Le neutre dont il sera question ici au contraire *agit*, il neutrise.

Invoquer la neutralité, c'est embrasser l'inertie de l'ordre social. Le neutre, tout autrement, est une activité qui altère cet ordre, enraie ses instances de reproductions. Neutriser n'est pas un acte de conservation, mais une tactique de transformation agissant par dissolution des grandes oppositions qui donnent sens aux catégories et aux formes attendues.

Si l'on regarde de plus près le champ des relations internationales, il est possible de distinguer neutre et neutralité. Au moment de la guerre froide, plusieurs pays ont refusé de prendre part à la politique des blocs, de choisir un camp face à la bipolarité alors structurante du monde. Ces refus néanmoins ont pris deux formes différentes.

D'un côté, il y avait les États occidentaux autodéclarés neutres (Suisse, Finlande, etc.). Leur neutralité ou désengagement n'avait aucune intention d'un autre monde, d'un autre état du monde. Elle trouvait son origine dans la volonté d'éviter que cela ne dégénère, de prévenir simplement le déséquilibre des forces pour préserver leurs intérêts. C'était une neutralité passive, complice aguerrie du *statu quo* qui neutralisait, par la sauvegarde des forces en présence, toute possibilité encore inexprimée d'organiser autrement les relations entre nations.

Or au même moment, des États dits du tiers-monde, nouvellement indépendants ont dessiné avec la politique du non-alignement les contours d'une autre voie à l'égard du conflit opposant les États-Unis d'Amérique aux Soviétiques. Sans prêter allégeance à aucune des parties en présence, le non-alignement s'opposait à l'ordre mondial tel qu'il était. C'était une politique active, cherchant à défaire les grandes oppositions du monde bipolarisé.

L'objectif, en théorie, n'était pas de maintenir la carte du globe à l'équilibre, mais d'altérer le *statu quo* des relations internationales, de déstabiliser le conflit en vue de faire advenir d'autres types de liens non plus fondés sur l'impérialisme économique, l'escalade militaire et nucléaire et la prégnance de quelques-uns sur tous les autres. L'ambassadeur yougoslave à Paris déclarait lors d'une communication en 1962 à propos du mouvement des non-alignés :

«Le non-engagement tel que nous le concevons ne signifie aucunement *neutralité passive* dans le sens classique de ce mot, qui signifierait un état d'impartialité et de désintéressement absolus. Un tel comportement, qui équivaudrait en réalité à une fuite devant la réalité des rapports internationaux, est actuellement dépassé [...] Les pays non engagés ne sont pas et ne désirent pas s'engager dans les antagonismes et les conflits entre les deux blocs, et dans leurs mécanismes, mais ils sont bien engagés dans les affaires et les questions innombrables de collaboration internationale qui est la négation de la division du monde en blocs. Dans le sens même de leur doctrine de coexistence active, ils sont particulièrement engagés dans l'activité de toutes les forces qui dans le monde luttent pour la paix. (Dans ce sens, les expressions telles que "non-alignement" ou "neutralité positive" ou "neutralité active" signifient la même chose: la non-appartenance aux blocs dans la situation actuelle.)»[1]

Les non-alignés, malgré leurs contradictions internes, leurs inaboutissements et les

---

1. Extraits retranscrits dans «Le tiers-monde vu de Belgrade: non-engagement ne signifie pas neutralité passive», *Le Monde Diplomatique*, janvier 1962.

difficultés à mettre en pratique la dimension réellement transformatrice de leur politique, nous apprennent que l'activité du neutre n'est pas un nihilisme. Elle n'est jamais indifférente ou désengagée, elle s'adresse toujours à un binarisme, à un conflit structurant qu'elle cherche à déstabiliser pour laisser la place à des possibilités, des modes de relations que ce binarisme proscrivait. Le neutre du non-alignement constituait une volonté de s'opposer à ce qui semblait alors le seul monde possible, un monde devenu terrain de chasse pour les velléités impérialistes des deux blocs autoproclamés.

Le rêve d'un ordre international défait du paradigme bipolaire impérialiste n'a pas vraiment pris puisque la fin de la Guerre froide a vu le triomphe d'un pôle plutôt que l'avènement d'une coexistence pacifique horizontale, et qu'ont émergé depuis de nouveaux rapports de force et volontés expansionnistes. Néanmoins, les potentialités libératrices du neutre que contenait l'intuition du non-alignement ne sont pas épuisées.

Le neutre constitue le double actif de la neutralité, une mutation de celle-ci passée jusqu'ici inaperçue, une variante contestatrice qui dérange, défait, sabote l'œuvre du pouvoir au lieu de l'armer de sa passivité. Nous pensons la plupart du temps que la neutralité est toujours une position passive, gardienne du déséquilibre des forces. Mais que nous arrive-t-il si nous commençons à envisager le neutre comme une puissance active, dissolvante, libératrice ? Qu'est-ce que cette nouvelle perspective peut apporter ou défaire dans le déploiement des horizons qui s'offrent à nous ?

Les paradigmes ou le règne hiérarchisé des contraires

La principale distinction entre un neutre actif et neutrisant, et une neutralité passive neutralisante réside dans le rapport qu'ils entretiennent avec les oppositions structurantes du monde, ce qu'on pourrait appeler avec Roland Barthes les paradigmes. Dans un cours au Collège de France consacré au neutre, Barthes écrit à son propos qu'il est « une tentation de lever, déjouer, esquiver le paradigme, ses arrogances, exempter le sens »[1].

Le paradigme désigne ici l'opposition dogmatique de deux termes, la présence du conflit au centre de toute tentative de signification, la

1. Roland Barthes, *Le Neutre : notes de cours au Collège de France, 1977-1978*, IMEC, 2002, p. 32.

nécessité d'opposer le blanc au noir pour saisir ce qu'est le blanc, la confrontation systématique des pôles arrimée aux manières de percevoir et de comprendre les phénomènes, les binarismes, finalement, qui encadrent les sens, en premier lieu la vue, et les organisent, les structurent pour orienter et ordonner ce qui du monde se présente à eux.

Les couples de notions que le paradigme invoque permettent d'accorder un sens aux corps, aux actions et aux choses, de faire des ensembles généraux à partir d'éléments singuliers. Lire le monde, vivre le monde en classant les éléments dans des listes, des cercles fermés, des unités de mesure. La production de paradigmes serait la marque universelle de la vie sociale. Identifier, classer, séparer, construire des cohérences à partir du chaos.

Bien sûr, tous les paradigmes ne se valent pas. Il y a des grands et des petits paradigmes, des paradigmes structurants et d'autres, plus accessoires ou qui surgissent seulement à certains moments et dans certains lieux précis de l'expérience. Ceux, par exemple, qui permettent de décrire un goût ou une sensation – salé/sucré, clair/sombre, chaud/froid. Les paradigmes structurants au contraire sont ceux qui, organisant de nombreux aspects de nos existences et cultivant l'ambivalence, nous permettent de (sur)vivre, tout en réduisant ce à quoi dans cette vie-là nous pouvons concrètement prétendre. Ces paradigmes mettent en scène les grandes oppositions qui déterminent, dans la culture occidentale, notre relation au monde : nature/culture, féminin/masculin, blancs/non blancs, autonomie/dépendance, sujets valides/sujets invalides, intellectuel/manuel, etc.

Les paradigmes simplifient le monde, mais ils épuisent aussi les potentialités de déviation et présentent comme inconcevable ce qui échoue, ce qui bute contre la conflictualité et son exclusivité. Dans le paradigme, on ne peut pas être à la fois blanc·he et noir·e, féminin·e et masculin·e, terne et lumineux·se, calme et agité·e, valide et invalide, fort·e et vulnérable, autonome et dépendant·e, humain·e et non-humain·e. Le paradigme antagonise les contraires.

Pour cela, la coexistence des notions est proscrite. Elle ôte toute réalité aux personnes, corps et sujets, qui la déploient. Paradigmatiser, c'est limiter le champ des possibles en embrassant l'idée sous-jacente que la maîtrise est dans la métrique. Une place pour chaque chose et chaque chose à sa place. Et tant pis pour le reste, pour le trouble, pour l'en dehors du paradigme, ses en dessous et ses au-delàs.

Les paradigmes asservissent les puissances et leur donnent un nom. Les puissances sont les élans, les désirs, les potentialités de faire, qui sont contenues, empêchées, neutralisées par les binarismes et leurs enfermements. Les puissances contraintes, paradigmatisées, forment des entités cohérentes, séparées, distinctes les unes des autres. Produire des conditions d'existence dans lesquelles les possibilités de faire, dire et penser ne peuvent que faire, dire et penser toujours de la même façon, c'est là l'œuvre du paradigme.

Les puissances paradigmatisées ne peuvent exister qu'en mode majeur. La philosophe canadienne Erin Manning reprenant les réflexions de Gilles Deleuze et Felix Guattari, définit le majeur comme « une tendance structurelle qui s'organise selon des définitions prédéterminées de la valeur »[1]. Ces définitions prédéterminées de la valeur sont un autre nom pour le paradigme. Le binarisme féminin/masculin, par exemple, distingue les corps en deux groupes, mais produit aussi des comportements, des désirs, des manières d'être et de voir selon une forme

1. Erin Manning, *Le Geste mineur*, traduit par Aline Wiame, Les presses du réel, 2019, p. 9.

majeure de la féminité et de la masculinité qui limitent le champ des possibles pour ces corps et ces subjectivités.

Mais limiter ne veut pas dire annihiler. Les paradigmes sont aussi mis en cause par des puissances qui existent en mode mineur. Le mineur pour Manning, c'est un geste, une force qui «créée des lieux de dissonance, met en scène des perturbations qui ouvrent l'expérience à de nouveaux modes d'expression»[1]. Il existe bien des formes mineures de la féminité et de la masculinité, qui dérangent le paradigme et le travaillent de l'intérieur. Le paradigme rend simplement inconcevables ces puissances mineures. Mais inconcevables ne veut pas dire qui n'ont pas lieu, qui n'ont jamais lieu, car l'échec du paradigme est aussi inévitable que sa reproduction est frénétique. Inconcevable signifie que ces puissances ainsi que les façons d'habiter nos corps, de s'assembler et d'agir collectivement qu'elles proposent sont illisibles, indignes, voire monstrueuses.

Toutefois, les paradigmes structurants n'opposent pas seulement deux termes selon une différence fondamentale excluant tout ce qui

1. *Ibid.*, p. 11.

existe en dehors de cette différence, ils produisent un conflit dans lequel l'un des termes a toujours l'avantage sur l'autre. Ils créent de grands ensembles auxquels s'ajoute une multitude de sous-ensembles qu'ils divisent dans un antagonisme hiérarchisé. Le binarisme établit une exclusivité, une complémentarité et presque toujours une hiérarchie de valeur. On y retrouve toujours des dominants et des dominés, des monopoles et des marges, des majorités et des minorités, des saisies du pouvoir et des dépossédées.

Le paradigme de la différence sexuelle, par exemple, ne se contente pas de classer les corps et les organes, il ordonne aussi les comportements, les métiers, les couleurs, les valeurs, les goûts, et même certains objets, comme les vêtements. Il n'oppose pas uniquement le masculin au féminin, mais également la force à la douceur, l'activité à la passivité, l'extériorité à l'intériorité, le public au privé, le bleu au rose, etc. Et il affirme toujours la primauté, la supériorité et la centralité des premiers termes sur les seconds. Et donc aussi le pouvoir des uns *sur* les autres.

Contrairement aux puissances, le pouvoir est toujours un élan qui s'exerce ou cherche à s'exercer *sur* quelque chose, et ce quelque chose correspond à ce qui a été antagonisé par les termes du paradigme. Dire d'un corps ou d'un ensemble qu'il détient un pouvoir, c'est dire que l'ensemble des puissances qui le constituent ont été moulées, cimentées même, pour occuper la première place selon le jeu du paradigme spécifique dans lequel elles opèrent.

Le paradigme donne aux puissances qui se trouvent, se placent et se réinscrivent dans le terme dominant un pouvoir *sur* les autres. Un pouvoir sur les puissances qui se trouvent ailleurs, sur les corps, les êtres, les existants qui n'occupent malheureusement pas la bonne place. Et qui sont, de fait, séparés, opposés, mais aussi du même coup qui comptent moins, qui valent moins, voire qui, dans les termes du paradigme, ne comptent pas.

Ces pouvoirs *sur* prennent la forme très concrète d'une exploitation matérielle des corps et des vies des seconds termes par ceux des premiers, et aussi bien sûr de violences physiques, psychologiques et sociales exercées par les un·es sur les autres. Le mode majeur ordonne le monde de manière à ce que certains corps et certaines vies, exerçant sur d'autres un pouvoir, se constituent en *majorités*. Les majorités, ce sont les groupes qui dans un paradigme, sont en position de force. Ce n'est donc pas une question numéraire, mais « un état de pouvoir et de domination»[1]. Les minorités sont les groupes qui au contraire occupent un terme dévalorisé dans un binarisme structurant et sont donc plus exposées aux marginalisations, aux exploitations et aux violences.

Les minorités entretiennent un lien particulier avec le mineur, c'est-à-dire avec ces puissances qui parviennent à s'extirper du paradigme ou du majeur et dont l'activité «déstabilise son intégrité structurelle et problématise ses principes normatifs»[2]. Les groupes minoritaires sont en effet plus susceptibles de voir naître en leur sein ces gestes mineurs et ces troubles, ces variations et ces comportements non paradigmatiques. Ils y ont, plus que les groupes majoritaires, un intérêt certain et explicite puisque le paradigme les désavantage.

Alors que la neutralité classique refuse de prendre parti, mais ne dérange pas les oppositions paradigmatiques, le neutre, lui, cherche à les altérer et les suspendre pour mettre à jour les intérêts sous-jacents que cache leur reproduction et les potentialités qu'elle obscurcit.

---

1. Gilles Deleuze et Félix Guattari, *Mille plateaux*, Minuit, 1980, p. 130.

2. Erin Manning, *op. cit.*, p. 9.

Neutraliser ou neutriser

La neutralité participe à préserver les paradigmes en neutralisant, par sa passivité, les moyens d'échapper au binarisme, de se soustraire à son implacable reproduction qui assigne et donne une place tout en clamant porter le masque de la bonne nature des choses.

Neutraliser, c'est figer les corps, les subjectivités, les arrangements, les collectivités et leurs relations dans le marbre ; c'est empêcher toute possibilité de différer, de prendre la tangente, de s'extraire des catégories que le paradigme a bien voulu nous désigner. Qui neutralise ordonne les puissances pour qu'elles conservent toujours la même forme, une forme majeure.

Le neutre, au contraire, en dérangeant le paradigme, déverrouille une fenêtre sur le mineur, sur ce que le paradigme obscurcit et sur ce que la neutralité orientée vers sa reproduction neutralise. Neutraliser, c'est stériliser, paralyser les puissances. Neutriser, c'est altérer et suspendre ce qui contraint les puissances, les enferme, les surdétermine.

Les puissances mineures dorment, hivernent jusqu'à trouver un trou dans la matrice pour s'exprimer, quelque chose qui cloche et qui leur permet de se donner à voir. Parfois elles sont là, mais on ne les voit pas, elles travaillent les formes grossières, les grandes oppositions de l'intérieur. Les puissances mineures, c'est ce par quoi et ce pour quoi le neutre s'active, ce qui le constitue.

Qui neutrise permet aux puissances de s'exprimer sans être réassignées, renfermées dans des positions et des places bien connues. Neutriser est une manière de déparadigmatiser, défaire pour déranger le *statu quo* en enrayant certains des binarismes qui le constituent. Mais aussi en laissant voir leur fragilité et l'artificialité des relations bien établies entre les phénomènes, les pratiques, les variations, les différences et les identités, noms, catégories, contenus normatifs qu'on souhaite toujours leur associer.

Le neutre dérange les cadres de notre vie en commun, les emmène là où on ne pensait pas qu'ils puissent aller pour laisser advenir, faire place à des corps, des gestes et des modes de vie jusqu'ici marginalisés. Le neutre, donc, libère en laissant place aux combinaisons impromptues et poreuses.

Mais par effet ricochet, il lutte contre les hiérarchies que les paradigmes organisent et permettent. Le neutre sape le système qui construit l'adversaire comme adversaire, le dominant comme dominant, le pouvoir comme pouvoir. Le neutre préfère l'horizontalité des puissances mineures à la verticalité des valeurs prédéterminées.

Le mode majeur de la neutralité neutralisante prend, sans le dire, parti pour les majorités, celleux qui détiennent sur d'autres un pouvoir, celleux dont les modes de vie, les corps, les manières de faire et de penser sont reconnus comme dominants. Le mode mineur d'un neutre neutrisant ouvre le champ des possibles aux variations mineures des êtres et des expériences, aux vies non reconnues par le paradigme, aux silencieu·ses, aux invisibles, aux impossibles.

Cela ne veut pas dire qu'il y a une neutralité nécessairement adoptée par les majorités et un neutre toujours déployé par les minorités. La différence de mode n'a pas avoir avec le *qui* du neutre, mais avec son *quoi*. Que fait-il ? Que dérange-t-il ? À quel type de monde concourt son (in)action ? Un monde raccordé aux circuits toujours renouvelés des pouvoirs en place ou un monde capable de réinventer des paysages dans lesquels les places sont ouvertes, les positions non fixées à l'avance et les rapports de force dégagés de leur prédictibilité ?

Lutter avec les paradigmes

Il existe d'autres stratégies pour lutter contre les effets indésirables du paradigme, les hiérarchies qu'il organise et l'invisibilisation de tout ce qui ne se construit pas comme il l'entend. La tactique la plus connue consiste généralement, pour les corps et les êtres qu'on a placés dans les termes inférieurs des paradigmes, à contester cette infériorité et à refuser le pouvoir *sur* que leur imposent les termes premiers.

Il s'agit alors de résister aux empêchements et aux hiérarchies produites par les binarismes en tentant vainement de réfuter la primauté des premiers sur les seconds, de redonner de la valeur aux éléments dévalorisés, en opposant dans un mouvement mimétique le non-blanc au blanc, le féminin au masculin, le dépendant à l'autonome, l'invalide au valide. L'objectif est l'égalité, mais la lutte se fait dans les règles mêmes du paradigme, avec ses mots et ses manières de fonctionner – opposer, séparer, fixer, déterminer, catégoriser.

Or, le paradigme n'est pas douteux seulement quand il discrimine clairement, explicitement, quand il hiérarchise. C'est la tyrannie exclusive des termes du paradigme qui devrait nous inquiéter. Les hiérarchies que les paradigmes organisent sont une part seulement du problème. Cette part est facilement identifiable et elle permet de lutter sans déranger le paradigme, à moindres frais. Mais à moindres frais pour les binarismes structurants, pas pour celleux qu'ils reéordonnent à une place minoritaire et se trouvent engagé·es dans le conflit toujours grimé·es de leur marque d'appartenance.

Ces stratégies qui visent le rééquilibrage des forces risquent aussi de réitérer, légitimer l'existence même du paradigme en s'engouffrant indéfiniment dans l'opposition de deux pôles. Leurs défenseur·ses veulent l'égalisation, la revalorisation, mais ne cherchent pas à réduire l'importance de la distinction.

On ne compte plus les critiques de ce type de stratégies que l'on pourrait rebaptiser, dans le cadre de cette réflexion sur le neutre, « politiques du paradigme » puisque, tout en cherchant à lutter contre certains de ses effets, elles en reproduisent involontairement la logique.

La critique qui m'intéresse n'est pas celle formulée depuis une position de neutralité conservatrice ou depuis une volonté de nier la prégnance et l'importance des binarismes structurants dans la distribution inégale des places, des possibilités et des pouvoirs *sur*. Celle-ci, je l'ai dit, reproduit aussi les paradigmes. Les ambiguïtés des politiques du paradigme sont à chercher dans les transformations qu'elles permettent ou non, au regard des objectifs qu'elles se donnent.

Ainsi, certaines stratégies féministes qui combattent les mauvais effets du paradigme de la différence sexuelle tout en restant confortablement inscrites dans sa logique font face à une contradiction difficile à évacuer. Vouloir, par exemple, revaloriser ce qui est associé au féminin, encenser la douceur, la maternité, la féminité en tant qu'elles seraient le monopole des femmes, protéger à tout prix les femmes de l'agressivité des hommes ré-enferme les unes dans une position maternelle et passive et les autres dans des rôles de prédateurs, fondamentalement étrangers aux pratiques du soin et de la sollicitude. Mais cela exclut aussi les combinaisons, les variations et les assemblages entre ce que le binarisme considère comme des corps masculins et des modes d'être féminins, entre des valeurs féminines et masculines, entre des corps pas tout à fait féminins et des modes d'êtres pas tout à fait masculins, etc. J'y reviendrai.

En reproduisant cette distinction cruciale, les stratégies qui luttent dans les termes du paradigme invisibilisent les différences et les variations au sein même de chaque pôle qu'elles constituent comme des ensembles homogènes, non conflictuels, partageant des places sociales, des intérêts et des visions du monde. Pour ce qui est des paradigmes structurants, le combat des termes est vain, il mène nécessairement au triomphe de l'un sur l'autre, et c'est souvent toujours le même.

Il se peut parfois que les politiques du paradigme parviennent à amender quelque peu les binarismes sans en déranger complètement la logique. Dans ces cas-là, l'un peut bien emprunter à l'autre certains de ses traits. On reconnaît alors qu'on s'était trompé, que A et B partageaient finalement ces traits-là, que ces traits n'étaient pas, comme on l'avait pensé jusqu'à présent, l'apanage de A ou de B, mais un ensemble de qualités communes aux deux termes. Donc le paradigme peut se réarticuler avec des revendications politiques et l'émergence chez l'un des deux d'éléments qui étaient jusqu'ici les chasses gardées de l'autre.

Il arrive aussi qu'un paradigme évolue, qu'il ne soit plus seulement composé de deux termes. Le paradigme peut en effet s'adapter face aux menaces que les transformations sociales et culturelles lui opposent en acceptant la création d'un troisième terme. A et B alors ne s'opposent plus pour définir le monde, et certains éléments dudit monde en viennent à être compris comme appartenant à C.

La catégorie «bisexuelle» semble subvertir, par exemple, le binarisme hétérosexualité-homosexualité. Et pourtant, cet adjectif, quand il désigne des personnes, est encore la qualification d'une identité considérée comme définitive. Si on peut hésiter quelque temps – de manière convenue généralement au moment de l'adolescence –, il faut toujours finir par trouver la qualité de sa vraie orientation sexuelle. L'expression «pansexuelle» est peut-être plus déstabilisante pour le paradigme. Inventée directement par les sujets qui s'en revendiquent dans le but de s'émanciper des catégories sexuelles existantes rejouant les binarismes, elle cherche à décrire des façons de désirer et d'aimer détachées des distinctions de genre. Reste qu'en l'état actuel, elle semble tout autant que les autres constituer une identité sexuelle.

Ce qui subsiste donc malgré les transformations du paradigme, c'est la nécessité de se dire appartenant à quelque chose, de s'allouer un terme, de prendre sa place dans le paradigme. En fait, certains paradigmes semblent avoir évolué non plus vers une opposition exclusive et hiérarchique de deux termes, mais vers la possibilité d'un déplacement ou d'une ouverture où ce qui compterait ne serait plus être A ou B, mais être au moins *quelque chose*, pouvoir se situer *quelque part*.

Ces troisièmes termes n'ont pas vraiment l'effet de dissoudre les oppositions, ils précisent ou recomposent plutôt le paradigme, voire même donnent naissance à de nouvelles binarités. Les catégories bisexuelle ou pansexuelle – en tant que descriptions d'un état – ne s'inscrivent-elles pas simplement dans le paradigme qui oppose sexualités normatives (hétéro) et sexualités non normatives (toutes les autres) ?

Ces adaptations du paradigme, ces corrections, ces amendements à la marge atténuent certes les hiérarchies, les empêchements et les violences. Mais ils ne permettent pas radicalement d'horizontaliser les termes.

La différence, quand elle est centrale et posée comme souveraine, se charge toujours d'un contenu. Le paradigme en cela est une vaste entreprise de remplissage. Si les termes sont différenciés, c'est bien qu'ils doivent être différents. Peut-il en être autrement ? Un paradigme vide de sens s'annule lui-même et n'a plus lieu d'être. S'il y a du paradigme, il y a de la distinction exclusive et il y a du contenu spécifique de chaque côté de la frontière.

Et malheureusement, cette spécification, quel que soit son degré de variation ou d'adaptation, continue toujours de puiser dans les oppositions les plus anciennes qui sont souvent les plus aliénantes. La différence des sexes tant qu'elle restera un paradigme structurant ne se videra jamais de son sens. Elle pourra être, sans doute, un peu plus souple qu'auparavant, mais elle ne sera pas fondamentalement transformée. Si la distinction est si cruciale, si présente dans la vie sociale, alors elle doit nécessairement avoir une signification justifiant cette centralité.

L'adjectif «significatif» rend manifeste cette logique. Il désigne à la fois ce qui est important, central, structurant, ce sur quoi il est déterminant de s'arrêter, et aussi ce qui est signifiant, donc ce qui plus littéralement, *signifie*, c'est-à-dire est vecteur d'un sens spécifique. Une différence paradigmatique est *significative* dans les deux sens du mot; elle structure de façon importante un champ tout en signifiant toujours un contenu pour chaque terme.

Le neutre offre une stratégie alternative, à la fois au conflit mimétique et à la neutralité de sens commun. Il joue finalement sur deux plans, il attaque le paradigme de deux façons. D'une part, il dérange l'opposition historique et définitive de ses termes, il permet une hybridation, un mélange, sans en forcer la réalisation effective. Mais en suspendant l'exclusivité, la binarité du paradigme, il atteint également sa centralité, son importance. Ou plutôt : parce qu'il suspend son poids, il rend possibles les hybridations.

On voit ainsi la différence du neutre avec les gestes de transformation qui cherchent à revaloriser un des termes du paradigme ou à ajouter des exceptions pour finalement confirmer ses règles.

Tactique de l'altération

Le neutre ne se situe pas du côté du paradigme, mais contre le paradigme auquel il oppose moins une force équivalente qu'un déplacement. La neutrisation infléchit les arrangements majoritaires, les défait subrepticement pour voir quels autres plis il est encore possible d'inventer. Le neutre ne fixe pas non plus le prochain pli ou le prochain coup, il lui laisse simplement la possibilité d'advenir.

Cette acception du neutre trouve des échos dans des contextes un peu différents de celui qui m'intéresse ici. Dans son *Éloge de la fadeur*, François Jullien s'appuie par exemple sur la tradition confucéenne pour montrer que le neutre permet de garder «complète sa capacité d'essor»[1]. Dans le Tao, la richesse du neutre réside dans sa facilité à s'opposer à toute fixation de sens, à toute «actualisation» qui est «en même temps limitation puisqu'elle est exclusive de tout autre devenir». La fixation, la détermination, la saveur «nous attache», «nous accapare, nous obnubile, nous asservit»[2].

Déterminer une valeur, un sens, un nom, une classe d'ensemble, une interprétation et s'y tenir – l'œuvre du paradigme – revient à fermer la porte à toutes les autres.

Adopter le neutre au contraire invite à laisser des espaces ouverts à la contingence, aux gestes mineurs, aux désirs imperceptibles, à la possibilité que quelque chose vienne déranger le cours du monde. Le neutre préfère la porosité à la complémentarité et à son exclusivité. Il engage à être sage et impulsif·ve, calme et ferme, doux·ce et vigoureux·se, critique et naïf·ve, à alterner entre les contraires auparavant imperméables l'un à l'autre, voire même à les travailler, de concert, en fonction des situations.

---

1. François Jullien, *Éloge de la fadeur: à partir de la pensée et de l'esthétique chinoise*, Philippe Picquier, 1991, p. 46.

2. *Ibid.*, p. 37.

Le neutre appelle un être-au-monde capable d'embrasser les hasards et les incertitudes de l'existence. Le goût, le désir n'est pas affirmé catégoriquement avec autorité, mais dans la nuance, avec la constante option d'un détour ou d'un retournement. Le neutre est indéterminé, il cultive l'illisibilité.

L'effort du neutre consiste à ne jamais refermer l'objet définitivement, à ne pas s'empresser de recréer du paradigme à la place de celui qu'on vient de suspendre. C'est en cela que le neutre est le lieu même de la révolution.

Le neutre est l'interstice entre les différentes étapes de la dialectique – moment en suspens, moment en attente, moment d'indétermination. Plus encore que cela, c'est la vibration dans l'interstice, l'inconfort de l'indétermination et avant tout, sa dimension libératrice, émancipatrice. Libération par altération, par la possibilité d'une altération qui n'est pas comme une transformation, qui n'est pas définitive, radicale, entière.

L'altération agit sur les bords, elle grignote, fait des trous, produit des décalages sans opérer de grands remplacements, en laissant la possibilité d'un retour, mais un retour toujours déplacé, différent de l'original. Le neutre est en cela différent du négatif, il ne produit pas du nouveau en supprimant ou annulant l'ancien. Il ne remplace pas définitivement le masculin par le féminin, la colère par l'apaisement, et ne cherche pas à élaborer un troisième acte dans l'éternité d'un mouvement dialectique.

Le contact du neutre ouvre au dehors pour laisser entrevoir des potentialités inexplorées déchargées des cadres normatifs rigides. Ce sont des changements en suspens qui transforment déjà, déplacent les essences, les catégories bien finies, les boîtes fermées à double tour. Libération des grands ensembles, des généralités, libération par déparadigmatisation. Peut alors plus facilement s'exprimer ce que les binarismes muselaient.

Que reste-t-il quand le paradigme est suspendu ? Il reste la possibilité d'être au monde sans être par lui constamment empêché·e, fixé·e, assigné·e. Il reste par exemple la possibilité et non la nécessité de se dire homme ou femme. Il reste la possibilité de le dire sans que cela n'annonce rien de plus sur ce qu'il faut être, ce qu'il faut dire, faire et porter, sans que cela détermine quelle porte de toilette emprunter, quelle case cocher, quel métier exercer, dans quelle sexualité s'engager. Mais il reste aussi la possibilité de ne pas se dire, de ne pas décliner son identité, de se dire un peu moins, de se dire autrement.

Neutriser, c'est mettre à mal les distinctions fondamentales, désœuvrer les paradigmes, dégager le champ des possibles sans prendre part à leurs rixes ou les remplacer par quelque chose d'équivalent.

Le neutre a cela de particulier qu'il est à la fois radical et nuancier. Disons qu'il cherche la radicalité là où parfois on ne l'attendait pas, dans le moins, dans le mineur, dans la soustraction, dans la suspension. Il chuchote à nos oreilles réticentes, à nos réflexes si prompts à asservir les expériences et les façons d'habiter le monde selon des significations déterminées : attendons un peu, retenons juste notre souffle quelques secondes et avec lui la volonté de saisir le monde, de transformer ce qui est insaisissable en entités lisibles.

La fin du premier roman de la série de J.K Rowling, *Harry Potter à l'école des sorciers* donne à lire une image métaphorique du neutre. Pour la mettre à l'abri des noirs desseins du maléfique Voldemort, les trois héros, Harry, Ron et Hermione tentent de retrouver la pierre philosophale cachée dans une chambre forte de l'école et protégée par de nombreux sortilèges et obstacles magiques. Après avoir endormi un cerbère par le doux son d'une flûte, les trois acolytes se retrouvent prisonnier·es du filet du diable, une gigantesque plante qui les encercle de ses racines tentaculaires.

Immobilisés, étouffés, Ron et Harry se débattent à grand cri. Mais Hermione le sait : plus on s'agite, plus on se débat, plus les racines se resserrent et cherchent à nous étrangler. Se détendre, renoncer à toute forme de résistance physique à la plante permet au contraire de l'amadouer et de s'en libérer. Hermione pratique, à ce moment précis, une autre forme de lutte : une lutte par le neutre. Elle ne choisit pas de neutraliser la plante par l'usage de la force, elle parvient plutôt à suspendre, rien que pour un moment, le pouvoir des racines monstres, à déplacer, altérer la reproduction du paradigme contrainte-résistance pour parvenir plus promptement à s'en défaire : elle neutrise.

Une fois dégagée de l'emprise, elle devra utiliser une autre contrainte contre la plante, lui opposer grâce à sa baguette magique le pouvoir de la lumière pour défaire ses amis, moins avisés qu'elle en botanique, de son emprise. Mais Hermione a commencé par déplacer le terrain de la lutte pour se libérer sans *d'abord* chercher à la neutraliser.

À la puissance de la nature, Hermione n'a pas opposé d'emblée le pouvoir de la culture et de la technologie – incarné dans le monde des sorciers par la baguette magique – pour maîtriser la plante. Elle a trouvé une autre tactique, une tactique de détournement et de suspension, un comportement inattendu, contre lequel l'adversaire n'avait pas de prise, qui ne cherchait pas à lui nuire directement. Dans cette étape du récit, ce n'est pas l'être humain – la sorcière ! – contre la nature, qui cherche à la posséder pour s'en protéger et lui nuire. De fait, l'usage du sort, dans la résolution du passage, blesse nécessairement la plante.

Au contraire, c'est une coexistence, voire une coopération au-delà du paradigme nature (in)maîtrisable – culture maîtrisante. Non pas une lutte à mort, mais la recherche d'une entente, d'une horizontalité qui passe d'abord par l'abandon face à la plante, le renoncement à la souveraineté de son corps, la confiance accordée aux racines qui nous offrent leur amitié si on cesse de les considérer en ennemi.

Lire le monde avec le neutre

Comment cesse-t-on de donner de l'importance, de reconstruire, réédifier, légitimer les ensembles, les oppositions aliénantes, les paradigmes majoritaires ? Comment lutter non pas seulement contre les effets du paradigme (exclusivités, complémentarités, hiérarchies), mais contre le paradigme lui-même, contre le paradigme réitéré, sa vérité annoncée partout, tout le temps ? Le neutre propose d'abord une nouvelle manière de lire le monde.

Les paradigmes structurants ont la manie d'établir domicile au cœur de toutes les idées familières avec lesquelles on perçoit et construit les réalités qui veulent bien s'offrir à nos sens. Il est peu intuitif, par exemple, de considérer la destruction d'une forêt comme une série d'expropriations et d'assassinats. Pourtant, les forêts constituent bien le lieu de vie de nombreuses espèces animales et sont elles-mêmes formées d'un vaste ensemble d'êtres vivants végétaux. En outre, la déforestation participe à l'épuisement des ressources naturelles et au réchauffement climatique dont, nous le savons, les conséquences pour les communautés humaines sont redoutables. Et pourtant, démolir une ville et raser une forêt ne revêt pas la même signification morale et politique, au moins dans la culture occidentale majoritaire. À l'œuvre dans cette distinction, se trouve le paradigme qui oppose les êtres humains à la nature. Ce paradigme établit les premiers comme seuls objets de nos responsabilités éthiques et envisage la seconde comme une terre vierge à exploiter. Il obscurcit également les fortes relations d'interdépendance que les humain·nes entretiennent avec leur environnement naturel.

Tenter d'altérer les paradigmes implique donc un premier travail de reconnaissance devant les simplifications opérées par les concepts qui font que l'on perçoit et interprète les phénomènes de telle ou telle façon. Une fois ces paradigmes identifiés, la seconde étape est un effort conscient pour une trêve momentanée du jugement : ne pas vouloir savoir à l'aide de ces concepts-ci, ou seulement avec ces cadres-là. À ce titre, l'invention et l'usage de l'expression « écocide » pour dénoncer la destruction humaine d'écosystèmes naturels apparaît comme une des façons de lutter contre le paradigme nature-culture.

Si le neutre invite à repérer les lunettes paradigmatiques avec lesquels nous lisons le monde, il n'est pas pour autant une quête de l'objectivité et du détachement surplombant de la vérité. La philosophie, telle qu'elle est classiquement pratiquée, n'apprécie la neutralité qu'avant de commencer son vrai travail, comme condition de sa possibilité. Le détachement devient alors le repos du guerrier avant la grande nage, le sursis du sens avant l'interprétation, avant l'entrée en scène de la vérité. Le doute de Descartes avant les affirmations premières, *l'épochè* de la phénoménologie avant d'embrasser l'expérience et d'en dégager le sens.

L'objectivité apparaît habituellement comme le préalable d'un rapport non biaisé au réel, l'outil nécessaire pour formuler une vision des choses défaite des présupposés qui voilent les sens. Et pourtant, à y regarder d'un peu plus près, la plupart des lectures fondées sur une base d'objectivité reproduisent *aussi* les paradigmes structurants. Certains préconçus, certaines catégories conceptuelles ont le chic pour simplement *passer* sous le filet de l'objectivité classique et continuer à leur guise d'orienter la lecture.

Les diverses sociologies de la science, les épistémologies venues des marges l'ont assez répété[1]. En déclarant une théorisation objective, défaite de ses attachements empiriques, on s'expose à reproduire les évidences cognitives, les schèmes non interrogés qui leur sont les plus intuitifs. L'objectivité comme condition de possibilité de la production théorique appartient aux

1. Voir par exemple Donna J. Haraway, *Des singes, des cyborgs et des femmes : la réinvention de la nature*, Jacqueline Chambon, 2009.

certitudes dépassées. D'ailleurs, n'est-ce pas la nature même des certitudes de devoir être dépassées ? Toute entreprise scientifique, intellectuelle, toute tentative de penser le monde est emplie de biais, cognitifs, culturels, sociaux, genrés, raciaux. La liste est interminable. Même les algorithmes ou les machines sont toujours d'un côté ou de l'autre, déjà situés quelque part, généralement du côté de celleux qui les ont fabriqués. Le plan d'objectivité inattaqué, intouché par les traces du monde, le paradis d'en dehors de la caverne platonicienne n'existe pas.

Déployer le neutre ne peut se faire qu'à partir d'une position où l'on comprend que la quête de cette objectivité-là est toujours déjà perdue, mais où l'on refuse de s'en tenir là. Le neutre – contrairement à la neutralité ou à l'objectivité qui est simplement déclarative – prend les cadres de nos interprétations comme objet de son travail. Il reconnaît que les concepts et les mots mêmes avec lesquels nous cherchons à théoriser le monde ne sont pas anodins ou dépourvus d'effet. Des binarismes limitants et des rigidités épistémologiques se logent au cœur de tout processus de théorisation, de toute tentative d'interprétation, y compris celles que l'on croyait alternatives ou lumineuses. Neutriser est alors un pari interprétatif, une méthode de lecture qui s'efforce de reconnaître les biais, de voir ce qui nous trouble la vue, non pas pour trouver des verres plus adaptés ou subir une chirurgie réfractive, mais pour vivre avec ce trouble.

La tactique altérante du neutre pourrait être une question inlassablement posée avant l'interprétation, avant la production implacable d'un jugement attelé à nos convictions, un Jiminy Cricket de l'interprétation qui nous permettrait de voir les choses un peu différemment. Un Jiminy qui ne serait plus, comme dans les *Aventures de Pinocchio* de l'italien Carlo Collodi adaptées au cinéma par Walt Disney, l'incarnation de la conscience malmenée de Pinocchio, garante du bien et du mal, soufflant à ses oreilles la bonne façon d'agir[1]. Le Jiminy du neutre se voudrait plutôt un démêleur de paradigme nous interrogeant malicieusement : « Qu'est-ce que tu n'as pas vu ici, quels savoirs minorisés sont étouffés par ta théorie ? Qu'est-ce que cette idée nouvelle ou rééditée continue de passer sous silence, quel champ des possibles voile-t-elle encore, qu'est-ce qu'elle t'empêche de penser ? Et de la même

1. Carlo Collodi, *Les Aventures de Pinocchio*, Gallimard, 2003.

façon, comment une certaine idée, un concept, une théorie, te poussent à lire le monde d'une certaine façon, à le comprendre toujours de la même manière et donc à en oublier certaines complexités ? Es-tu bien sûr que c'est *cela* qui se passe, que s'engouffrer ainsi dans l'affirmation d'un point de vue ne te fait pas oublier ou détourner le regard de quelque chose de plus subtil ou de moins évident qui advient aussi quand *cela* se passe ? »

Ce criquet, attention, n'incarnerait pas non plus le détenteur absolu d'une vérité désengagée. Au contraire, ce Jiminy reconnaîtrait le caractère toujours situé de nos façons de lire le monde et d'en construire des analyses. Il assumerait ces situations, mais tenterait de voir ce qu'elles empêchent. Il participerait ainsi au dépassement ou au détournement des lieux obscurcis.

Le neutre comme activité théorique de l'altération relève toutefois moins d'un doute relativiste que d'un questionnement indélogeable. Si le doute demeure indépassable, on risque aussi de s'enliser dans un scepticisme qui empêche toute interprétation et toute possibilité d'action. Vivre et penser avec un questionnement indélogeable est à distinguer à la fois d'une certitude irritante et d'un doute, donc, d'un désengagement dévastateur.

En fait, l'altération du neutre se trouve dans des concepts et des théories qui cherchent à questionner les binarismes et les exclusivismes, à les reconnaître et à les défaire, leur préférer peut-être d'autres concepts plus opératoires. Comment penser le genre et la sexualité en regardant au-delà de ce que les catégorisations – femme/homme, homosexuel/hétéro, transgenre/cisgenre[1] – nous ont appris ? Comment penser le soin, en reconnaissant les effets et les limites des schémas dominants qui opposent autonomie et dépendance ? Comment penser les variations psychiques et physiques sans reproduire les grandes différences entre les individus capables et tous les autres ? En cherchant la réponse à ces questions, on comprendra aussi que l'on gagne à penser ensemble des notions qu'on avait jusqu'ici toujours opposées[2].

---

1. L'expression cisgenre désigne les personnes qui se reconnaissent dans l'identité de genre qu'on leur a assignée à la naissance. L'expression transgenre désigne au contraire les personnes qui ne se reconnaissent pas dans cette identité. Les personnes trans peuvent se reconnaître dans le genre opposé mais elles peuvent aussi se reconnaître dans aucun des deux genres, ou dans une identité non-binaire.

2. À ce titre, les théories dites *queer* peuvent apparaître comme des neutrisations des pensées du genre et de la sexualité qui opposent les catégories hommes/femmes ou

Neutriser l'interprétation implique aussi de porter attention au point de vue d'autrui, aux situations qui ne sont pas les nôtres, et à les regarder pour ce qu'elles sont. Écouter d'abord, juger ensuite. Accueillir des perspectives alternatives puis étudier ce qu'on peut en penser et les implications des différentes voies de compréhension qui s'offrent à nous, leurs héritages, leurs potentialités inexplorées, les enfermements et les cloisonnements qu'elles reproduisent, enfin.

Le neutre laisse une place aux points de vue minoritaires, non pas parce qu'il s'en fait le fer de lance, parce qu'ils sont nécessairement plus valables, mais parce qu'ils ont été obscurcis, parce qu'ils ont été tus, parce qu'ils sont restés illisibles et que cette illisibilité a eu un effet

---

homos/hétéros dans des binarismes indépassables. Les pensées féministes du soin sont bien des neutrisations du cadre libéral sur la justice et l'autonomie. Les études critiques sur le handicap, quant à elles, altèrent le paradigme médical qui prévalait jusqu'ici pour approcher la question des corps et des subjectivités différentes. Ces théories cependant abandonnent le neutre et leurs gestes initiaux d'altération dès lors qu'elles se referment une fois pour toutes sur elles-mêmes, qu'elles produisent des systèmes paradigmatisant inquestionnables ou quand elles deviennent à leur tour hermétiques à l'altération et productrices de nouvelles catégories rigidifiantes.

concret, matériel sur la vie de celleux qui les occupaient. En cela, l'altération produite par le neutre constitue un des chemins pour parvenir à une représentation plus adéquate du monde tout en reconnaissant qu'une représentation juste ou parfaite est impossible, puisque le monde n'est jamais épuisé par ce que nous pouvons dire ou penser de lui.

Suspendre les binarismes qui limitent l'expression de certaines visions ou expériences est une façon de ménager de l'espace pour la multiplication des perspectives, pour ce qui ressemblerait à ce qu'Hannah Arendt a appelé «la pensée représentative». Celle-ci se forme «en considérant une question donnée à différents points de vue, en me rendant présentes à l'esprit les positions de ceux qui sont absents»[1]. Cela signifie que les meilleures lectures des situations ne s'opèrent pas en se détachant des perspectives particulières et des positions spécifiques, ce qui reviendrait à s'extraire du monde, mais plutôt en multipliant ces dites perspectives, en tentant au contraire de rester le plus proche possible du monde pour percevoir un nombre important de plis, d'intensités et de positionnements.

1. Hannah Ardendt, «vérité et politique» *L'humaine condition*, Gallimard, 2012, p. 801.

Plus précisément, poursuit Arendt « il ne s'agit pas de sympathie comme si j'essayais d'être ou de sentir comme quelqu'un d'autre, ni de faire le compte des voix d'une majorité et de m'y joindre, mais d'être et de penser dans ma propre identité *où je ne suis pas réellement* »[1]. En cela, la pensée représentative est intimement liée à une capacité d'imagination qui enjoint à voir au-delà de nos propres intérêts.

Néanmoins – et c'est ici l'apport du neutre –, cette capacité d'imagination ne doit pas se contenter de projeter sur l'autre ce que l'on croit être son point de vue et sa perspective. Elle passe par une neutrisation des paradigmes et cadres interprétatifs qui, de notre place, nous empêchent d'imaginer ou de remarquer certains phénomènes, certaines expériences ou relations. Elle vise alors à transformer l'expérience que l'on fait justement de notre place.

Le neutre libère la parole mineure, mais invite également celleux qui jusqu'ici s'exprimaient dans les termes de la majorité à laisser en elleux vivre et grandir ce que ces termes dissimulaient. Altérer sa propre position, se décentrer si l'on peut dire, ouvre à la possibilité d'un déplacement. Penser et enseigner la sexualité en

---

1. *Ibid.*

s'éloignant du carcan rigide de l'hétérosexualité permet, par exemple, de construire des savoirs sur les recoins inexplorés des corps, de dégager des potentialités de jouissance au-delà de ce qu'enseignent les manuels scolaires et la production pornographique grand public, potentialités non plus réservées aux minorités, mais à tou·tes quel que soit son genre ou celui de ses partenaires.

L'altération du paradigme demande de l'énergie, du travail. Elle est exigeante, mais sans employer les forces traditionnelles. Son exigence est d'abord une exigence critique, un effort toujours renouvelé pour observer et distinguer les paradigmes reproduits, les binarismes qui traversent le monde et l'orientent.

S'il y a bien quelque chose d'étranger à celleux qui cherchent le neutre, ce sont les lauriers sur lesquels se reposent avec délectation les paradigmes. Neutriser nos manières de penser, c'est donc les défaire des trajectoires signifiantes qui associent toujours des cercles et des mots à leurs voisins de paradigme et participent ainsi à la reproduction du monde tel qu'on veut bien le comprendre. L'altération du neutre permet une pensée ouverte aux questionnements, à ceux qui viennent en aval et en amont de l'interprétation, mais à ceux aussi qui lui sont concomitants.

Ni la main de Dieu ni celle du diable

Mais ce n'est pas tout, l'altération du neutre ne s'arrête pas à l'interprétation, à une suspension des divers filtres conceptuels qui déterminent une lecture ou une écoute attentive. Les paradigmes, en effet, ne sont pas seulement les binarismes qui structurent notre perception et nos existences, ou plutôt, s'ils sont structurants, c'est que quelque chose le leur permet, leur donne un pouvoir de structurer. Le paradigme ne s'impose pas à nous à partir d'un au-delà du social, il ne survit pas ailleurs dans un inconscient collectif inaltérable, une structure immuable du langage, il n'est pas un autre mot pour désigner un pouvoir symbolique à l'implacable reproductibilité. Autrement dit, le paradigme se situe plutôt du côté de la norme que de celui de l'universel constitutif.

Penser le paradigme – et penser le neutre qui est son désœuvrement – nous enseigne que ces cadres symboliques, cette conflictualité du sens ne sont pas inévitables, qu'ils prennent corps en des arrangements, en des choix collectifs, en des constructions sociales concrètes qu'il nous est possible d'examiner.

Au cours d'une réflexion sur le monstrueux, Georges Canguilhem demandait, espiègle, à ses lecteur·rices : « En présence d'un oiseau à trois pattes, faut-il être plus sensible à ceci que c'est une de trop ou à cela que ce n'est guère qu'une de plus ? »[1]. Neutriser, c'est bien sûr choisir la seconde voie, mais c'est aussi chercher à altérer les dispositifs, les modes de discours, les agencements qui nous poussent toujours à choisir la première.

Car si les représentations du monde ne sont peuplées que d'oiseaux à deux pattes, si les routes, les meubles ou les formulaires administratifs exigent pour pouvoir être empruntés, utilisés ou complétés de disposer de deux pattes, si le nombre de pattes est un élément structurant de la vie sociale des oiseaux – mettons que nous soyons tou·tes devenu·es des oiseaux – alors oui, l'oiseau à trois pattes a bien une patte de trop et non « guère qu'une de plus ».

Il ne suffit pas pour considérer que trois pattes, ce n'est guère qu'une de plus, de changer de perspective, de neutriser les cadres de nos interprétations, de remettre en cause nos représentations du normal et du pathologique. Il faut se

1. Georges Canguilhem, *La connaissance de la vie*, Vrin, 1971, p. 173.

demander aussi ce qui nous pousse à considérer la troisième patte comme une anomalie et non comme une simple variation du vivant. La métaphore tient, non seulement pour les variations physiologiques, mais également pour les modes d'existence marginaux, les façons d'être et d'habiter son corps, d'exister avec les autres. Qu'est-ce qui est étrange, pathologique, répréhensible, qu'est-ce qui relève de la folie, de la perversion, de l'abject?

Le neutre, donc, s'en prend aux normes qui nous informent en s'abstenant, au moins pour un temps, de s'engouffrer la tête la première dans les pièges qu'elles nous tendent. Il nous permet de les reconnaître pour ce qu'elles sont: des binarismes construits et refaits sans cesse dans la vie sociale. Nous sommes alors plus enclin·es à adopter la perspective de l'autre, des oiseaux à trois pattes, de celleux que la norme n'a pas pensé ou a mal pensé, qui buttent, échouent, cèdent ou luttent contre le paradigme.

Mais déployer le neutre comme tactique implique d'admettre que la simple critique, la déclaration d'ouverture et d'accueil ne peut pas tout. Les normes n'existent pas seulement dans nos esprits, elles ne se transmettent pas d'un cerveau à l'autre immatériellement. Les normes s'incarnent dans des institutions, des pratiques, des arrangements qui orientent les vies et les corps en fonction d'elles, en fonction du paradigme[1]. Les distinctions entre normal et pathologique, fou et sain d'esprit, pervers et vertueux sont créés puis rejouées dans les instances qui organisent les relations sociales, qui permettent d'attribuer certaines pratiques et certains corps à un côté ou l'autre de la frontière et qui, à partir de ce tri, déterminent ce qu'il est possible de faire, comment on peut vivre, là où on peut aller.

La pratique du neutre veut déjouer le paradigme en dissolvant certaines de ces instances de reproduction, en neutrisant à des moments précis sa mise en scène répétée dans la vie sociale. Elle nécessite donc d'abord de comprendre où le paradigme est à l'œuvre, comment il se reproduit. Où, qui, quoi reconduit les binarismes structurants, leur confère de l'importance, les rappelle à nous sans relâche ? Des phénomènes, des institutions, des choix collectifs semblant neutres si on les observe en mode majeur apparaissent, d'un autre point de vue, comme des occurrences de reconduction de certains

1. C'est ce qu'ont bien montré les travaux pionniers de Michel Foucault sur les normes. Voir par exemple *Sécurité, territoire, population : cours au Collège de France, 1977-1978*, Seuil, Gallimard, 2004.

paradigmes et de leurs aliénations, exclusions et hiérarchies associées.

Même des paradigmes, comme la différence sexuelle, qui semblent constituer des invariants anthropologiques sont en fait le fruit de dispositifs normatifs qui classent et ordonnent les corps. Ils sont issus d'imaginaires collectifs construits par des représentations culturelles présentes partout, de pratiques quotidiennes individuelles et collectives de polissage[1]. L'état civil est un des lieux de reproduction du paradigme du genre et on constate son historicité quand des pédiatres font subir des chirurgies mutilantes à des nouveau-nés dits intersexes ou présentant des variations bénignes du développement sexuel, laissant parfois des traces physiques et psychiques indélébiles – douleurs, infertilité, dyspareunie, anorgasmie[2]. Le «scalpel de la norme[3]», comme l'a

1. On retrouve ici les apports fondamentaux des théories *queer*. Par exemple, Judith Butler, *Trouble dans le genre*, La Découverte, 2005 et Teresa De Lauretis, *Théorie queer et cultures populaires: de Foucault à Cronenberg*, La Dispute, 2007.

2. Sur ces questions voir Maryvonne Blondin et Corinne Bouchoux, *Les Variations du développement sexuel: lever un tabou, lutter contre la stigmatisation et les exclusions*, rapport 441 du Sénat, 2017.

3. Judith Butler, *Défaire le genre*, éditions Amsterdam, 2016, p.81.

appelé Judith Butler, force la naturalité du paradigme. Il assoit son pouvoir présentant comme une maladie, une anomalie ou un échec, ce que le neutre accepte de voir comme une variation mineure, une combinaison sur les thèmes majeurs du masculin et du féminin.

Le paradigme ne subsiste donc pas tout seul. Il est reconduit non seulement par des interprétations et des lectures du monde, des modes de pensée qui accordent une place de choix aux binarismes, mais aussi par des pratiques, des gestes, des paroles, c'est-à-dire des modes d'être au monde et par des institutions, des lois, des arrangements collectifs, c'est-à-dire des modes d'organisation. Comme les normes, le paradigme est à la fois solide et fragile. Travailler à alléger le poids qu'il impose sur les corps et les existences, c'est donc agir sur les modes de pensée, les modes d'être au monde et les modes d'organisation, ainsi que sur les images, les discours et les représentations culturelles qui les font vivre.

Autrement dit, le neutre a peut-être trois formes de manifestation principales : une manifestation théorique et critique, que je viens de décrire dans ce premier chapitre, une manifestation pratique et éthique, qui sera détaillée dans la partie suivante et une manifestation politique enfin dont les chapitres III et IV donneront un aperçu.

Ces distinctions sont certainement artificielles ; elles sont principalement analytiques. Elles permettent seulement de dégager les variations possibles d'un déploiement du neutre, variations qui ne sont ni indépendantes ni exclusives, mais qui recouvrent des intensités et des agencements différents. Distinguer ces trois modes de manifestation du neutre ne revient pas à les hiérarchiser, à dire que l'une doit nécessairement aller avant les autres.

On ne peut pas changer nos pratiques sans changer nos modes de pensée, et les transformations théoriques dépourvues de modifications concrètes ne font que reproduire l'aliénation des potentialités inexprimées. Quant aux transformations organisationnelles, elles sont à la fois cruciales et rendues inévitables par les altérations de nos façons de comprendre et de pratiquer le monde. Les trois lieux de manifestation du neutre sont donc corrélatifs. On ne pourra pas changer un mode sans altérer les autres, le neutre agit sur et par tous les fronts.

CHAPITRE II

Neutriser les relations ou la douceur insouveraine

Retarder l'assignation

Comment le neutre nous permet-il *d'être* alternativement ? Où, quand le mobiliser pour transformer nos manières d'habiter le monde, d'agir sur les choses et avec les êtres qui, avec nous, le peuplent ?

La manière la plus directe, la plus radicale de porter atteinte aux paradigmes serait de transformer nos propres rapports à ces derniers. Il faudrait pour cela se rabattre un peu moins sur les réflexes appris, les comportements enregistrés, développer d'autres types de féminité ou de masculinité, d'autres façons de vivre les positions que les normes nous imposent. Mais la pensée du neutre n'est pas une pensée de la promotion, de la paradigmatisation de comportements non paradigmatiques.

Il y a, un endroit de lutte plus discret, plus difficile, mais non moins important. À cet endroit, je reconnais que je ne vis pas seul·e, que je ne flotte pas hors du monde, et que, pour transgresser les normes, j'ai besoin que les espaces que je traverse et les personnes que je côtoie m'en offrent la possibilité. Déployer le neutre en face de l'autre revient à développer un rapport qui catégorise le moins possible, qui laisse plus de place à des comportements et des actions non paradigmatisables.

Les binarismes animent subrepticement les différents liens que nous entretenons bon gré, mal gré, avec les autres. « Les autres » désignent ici de manière assez extensive les cohabitant·es plus ou moins lointain·es des espaces que nous occupons quotidiennement. Nous paradigmatisons quand nous traitons, parlons, regardons, accordons notre attention à autrui à partir des catégories générales dans lesquelles il nous semble adéquat de l'inscrire : s'adresser à un homme comme *on* s'adresse à un homme (au sens masculin du terme), considérer une plante comme *on* considère une plante, regarder une cuisse de poulet comme *on* regarde une cuisse de poulet. Quand nous fabriquons du général à partir d'une singularité, quand, somme toute, nous *assignons*.

Neutriser les relations engage donc à suspendre ces assignations ou ce qu'on peut aussi nommer selon l'expression de Barthes les «vouloir-saisir»[1]. Et donc, à laisser s'échapper le désir d'identification, de catégorisation, de généralisation qui investit une large part de nos interactions quotidiennes, tout en acceptant le trouble que cette suspension peut provoquer.

L'opposition féminin/masculin, par exemple, organise encore largement le paradigme du genre qui nous pousse à vouloir à tout prix identifier le sexe des autres. Elle nous embarrasse quand cette identification bute sur l'ambiguïté d'un corps ou d'un être. Alors qu'une position de neutralité classique prend le paradigme du genre comme une donnée inquestionnable de l'existence et le reproduit insidieusement, adopter le neutre permet de voir les normes qui nous guident. Cela nous pousse surtout à tenter d'imaginer ce que seraient la pensée et l'action altérées par l'enrayement de ces normes.

---

1. Roland Barthes, *op. cit.*, p. 38.

Supposons que j'ai en face de moi un corps, une façon d'être au monde qui n'est pas clairement déterminable selon les cartes du genre, qui enraie soudainement le pilotage automatique des catégorisations ordinaires. Est-ce un homme, est-ce une femme, les deux, ni l'un ni l'autre ? Comment comprendre ou accueillir un geste, une parole en dehors des référents qui d'habitude guident ma pensée ?

Avec le neutre, en face de ce corps, je reconnais d'abord les rouages de ce pilotage automatique et me demande comment vivre avec cette incertitude, sans chercher à tout prix à l'abolir en demandant, enquêtant, scrutant, à la recherche d'un indice, d'un signe qui soulagerait mon inquiétude et me permettrait de *saisir* autrui à partir du paradigme du genre. Le neutre, ici, prend la forme d'un refus d'orienter, d'enfermer l'interaction dans des cheminements mentaux trop simples, en tentant de la défaire, au moins pour un moment, de sa dimension catégorielle.

Retarder le plus longtemps possible l'assignation, prendre autrui pour une singularité plutôt que pour ceci ou pour cela, tenter de le comprendre à partir de son parcours, de son récit au lieu de la longueur de ses cheveux ou de l'aspect de ses chaussures. S'interroger avant d'imposer à quiconque une manière d'être ou de vivre en fonction de ses organes génitaux, de la couleur de sa peau ou de la manière dont iel parle.

Mais attention. Le neutre ne rejoint pas la position rabâchée de l'éthique humaniste se croyant toujours aveugle aux catégories, que l'on préfère, pour employer la dichotomie nord-américaine, sa version libérale – *colorblind* – ou républicaine, les deux prétendant traiter tout le monde en co-citoyen sans sexe et sans couleur: «Je ne suis pas raciste, je ne suis pas sexiste, je traite tous ceux qui croisent ma route comme mes semblables, comme des hommes (comprendre ici êtres humains)».

Si je choisis le neutre, j'ai souvent entendu ces rengaines et je sais bien que, malgré les bonnes intentions, je ne traite jamais vraiment l'autre comme mon semblable – à moins que cet autre partage avec moi justement un genre, une couleur, une religion, une classe, une appartenance. Je ne sais pas d'ailleurs ce que je suis, défait·e de toutes ces appartenances alors comment pourrais-je accueillir l'autre comme s'iel en était iel-même dépourvu·e? En réalité, je ne traite jamais autrui comme un Homme ou alors s'il m'arrive de le faire, c'est seulement dans un autre sens du mot homme, c'est-à-dire un être humain de genre masculin.

Pratiquer le neutre comme rapport au monde et aux autres consiste non pas à nier, mais d'abord à identifier ces paradigmes qui affectent concrètement les relations et m'enjoignent à toujours traiter autrui à partir des appartenances que je crois lui reconnaître. Il s'agit ensuite de travailler à construire des liens non affectés par l'effet du paradigme, d'envisager un comportement différent, plus singulier.

Combien de fois ai-je entendu la phrase « Il est gay, non ? » à propos d'un collègue, d'un ami, d'une connaissance, dans des situations où cette information n'a aucun intérêt tangible pour mon interlocuteur·rice ? Cette question se pose la plupart du temps sans mauvaise intention, juste comme ça, pour savoir, alors qu'on se dit par ailleurs tolérant·e, qu'on condamne l'homophobie, qu'on était peut-être même pour le mariage pour tou·tes, etc. Mais pourquoi donc avons-nous absolument besoin de connaître le genre des partenaires avec qui les personnes entretiennent des relations romantiques, sexuelles, affectives ? Demandons-nous à propos d'une connaissance ou d'un·e collègue la nature de ses fantasmes ou l'âge de sa première fois ?

Il faut bien voir que le neutre est complètement différent de ce que le sens commun nomme généralement tolérance. Quand je neutrise une assignation explicite – qui catégorise – ou implicite – imposant une norme –, je ne me contente pas de tolérer une personne malgré ses appartenances. Je questionne au contraire réellement la place de ces dernières dans mon interaction avec elle.

La tolérance se formule toujours d'une position dominante, elle s'énonce d'une place privilégiée que le paradigme nous a conférée. Celle de pouvoir décider et dire ce que l'on tolère, et ce qui au contraire est intolérable. La tolérance est toujours surplombante. Il y a en son cœur une position de pouvoir et surtout une volonté de laisser le monde tel qu'il est. Le paradigme peut bien se reproduire, on décide simplement de détourner le regard quand quelque chose nous choque – que ce soit la reproduction hégémonique des normes ou une manière de les transgresser qui nous est insupportable.

Jean Cocteau avait bien vu cette ambivalence, quand il écrivait en 1928, « je n'accepte pas qu'on me tolère, cela blesse mon amour de l'amour et de la liberté »[1]. Qui se veut tolérant·e ne cherche ni à déranger le paradigme ni à tendre vers un monde dans lequel ses transgressions sont, pour

1. Jean Cocteau, *Le Livre blanc et autres textes*, Le livre de poche, 2000 (première édition 1928).

celleux qui les expriment, plus supportables. Le neutre est fait d'un autre bois, il n'opère pas dans les termes du paradigme ou d'une position surplombante. Son postulat est l'horizontalité.

Retarder l'assignation, n'est-ce pas cependant s'aveugler sur la place que prennent les binarismes dans la vie, le corps, les paroles, les gestes des autres ?

La position que les personnes occupent dans les paradigmes structurants offre en effet des clefs de lecture utiles pour comprendre ce qu'elles font, comment elles parlent et interagissent, les émotions qu'elles expriment tout comme leurs empêchements et leurs désirs. Comprendre qu'untel agit comme cela ou comme ceci parce qu'il semble se reconnaître et être reconnu comme appartenant au groupe des hommes a effectivement un certain avantage épistémologique et sans aucun doute des bénéfices pratiques.

Remettre cet avantage en question nous fait vite déraper vers un raisonnement individualiste où les comportements normatifs, les manières d'être paradigmatiques sont simplement le résultat des choix et des capacités individuelles dans lesquelles les normes sociales et culturelles n'auraient rien à nous dire. Cela nous mène par exemple à soutenir que tel petit garçon préfère les camions et les jeux de ballons, en raison de son caractère ou parce qu'il est agile et sportif.

L'aveuglement n'est finalement pas si différent d'une position qui embrasse scrupuleusement le paradigme, que l'on justifie sa pertinence par la biologie, le déterminisme culturel, la structuration psychique ou par toute autre forme d'essentialisme plus ou moins dissimulé. Une position qui soutiendrait que si ce petit garçon préfère les camions et les jeux de ballons, c'est à cause de la testostérone, de ses connexions synaptiques ou parce que c'est l'ordre naturel des choses.

Or, il existe une nuance décisive entre cette interprétation arrimée au paradigme et l'interprétation qui, repérant l'œuvre du paradigme, penserait plutôt que ce petit garçon préfère les camions et les jeux à ballon, parce que son père lui a enseigné son propre amour pour ces loisirs-là, parce que dans les films qu'il a vus c'est ce que font les petits garçons et qu'on lui a dit qu'il était lui aussi comme eux un petit garçon, parce que dans la cour de l'école c'est ce que font aussi les autres enfants répondant au pronom «il», parce que l'attitude de la plupart des adultes à son égard semble confirmer que c'est ce qu'il faut aimer et préférer, parce que, enfin, les nombreuses personnes qui l'entourent estiment justement que c'est son caractère ou l'ordre naturel des choses.

Mais, malgré la nuance entre ces différentes interprétations, il se peut aussi que le repérage de paradigme ancre un peu plus ce dernier dans les nœuds de nos existences s'il n'est pas assorti d'un effort de neutrisation. L'interprétation, qu'elle soit essentialiste ou sociologique, suscite aussi des attentes et ces attentes occasionnent des *assignations*.

Mobiliser le neutre invite à reconnaître la nécessité de repérer le paradigme tout en évitant de s'y enfermer, tout en cherchant à réduire le nombre de ses convocations. Je peux reconnaître le paradigme à l'œuvre dans des comportements et des paroles, et je peux, de mon côté, éviter de l'imposer à l'autre. Par exemple, je peux dire que la masculinité majeure endossée par la plupart des hommes cisgenres hétérosexuels s'inscrit dans le paradigme du genre avec ses effets de violence et de domination, d'exploitation et d'oppression. Mais je peux tenter de faire dérailler la machine de ces masculinités en ne m'arrêtant pas à ce type d'interprétation : ceux-là agissent ainsi parce qu'ils sont des hommes et surtout, ceux-là agiront toujours ainsi puisque c'est la place que le paradigme du genre leur a assignée.

Cela veut dire d'abord ne pas juger trop vite les actions et les paroles de l'autre en s'empressant de les relier à ses appartenances apparentes. Mais c'est surtout ne pas *attendre* ou prévoir ses conduites en fonction de ces appartenances, et donc ne pas orienter toujours nos propres discours, gestes, décisions à partir des interprétations que nous faisons d'autrui. Le neutre me fait marcher sur une ligne de crête difficile à tenir, mais dont la complexité ne diminue pas la nécessité.

Le neutre n'est pas une attitude glaciale ou une forme de relativisme froid. Il n'est ni indifférent ni abrupt ; il est chaleur retenue, interprétation retardée pour un moment, défaite de ses tropismes faciles. C'est une suspension du jugement assortie d'un retour réflexif à soi, c'est une observation attentive de l'autre, mais une observation qui n'est pas un inventaire insensible, une observation qui sait qu'elle y voit peut-être flou, qu'elle ne sait pas tout à propos de ce qu'elle observe, qu'elle n'en saura peut-être rien. En cela, la proposition du neutre est en lien direct avec la douceur comme principe de médiation du monde.

La douce alliée du neutre

La douceur est une puissance que convoque le neutre, car elle refuse de réduire les autres et nous-mêmes, le monde et les choses, à des significations, des identités, des classifications générales. Catégoriser l'autre revient inévitablement à le contraindre à une place, un ordre, des attentes, des comportements, à formuler des réponses depuis ce qu'on aura pu reconstruire et deviner de son identité.

Chez Barthes, le neutre mobilise la douceur contre «la réduction», «la généralité», comme une «fuite élégante et discrète devant le dogmatisme»[1]. La douceur est ce que nous pouvons désirer – ne pas être assigné·es, identifié·es, classifié·es. Mais réciproquement, elle est une oreille attentive à la singularité d'autrui, aux indicibilités, à ce qui se trame derrière ou contre le paradigme, aux tentatives conscientes ou inconscientes de creuser des tunnels entre les binarismes érigés en barricades.

La douceur charge le neutre et son activité d'une attention spécifique à l'autre qui le protège ainsi d'un détachement insensible. La douceur est une force qui meut le neutre, un engagement

1. Roland Barthes, *op. cit.*, p. 66.

qui lui donne sa signification éthique. Elle est aussi peut-être une des occurrences possibles de la non-violence.

La violence dont la douceur cherche à se défaire, c'est celle des paradigmes – catégorisations hâtives, interprétations simplificatrices, attentes normalisatrices – et avec eux, celle des puissances enfermées, des pouvoirs recomposés, des potentialités circonscrites. Quelle relation à l'autre peut bien se développer quand je remplace les « qui es-tu ? » par des « que peux-tu ? » ou « que désires-tu ? » ? Quand je cesse de penser que les puissances et les désirs s'articulent seulement selon les binarismes du paradigme ou ses terciarismes ?

La douceur du neutre est celle d'un refus du vouloir-savoir qui ne s'impose pas par désintérêt, mais par délicatesse, celle d'un vouloir-savoir qui ne serait pas aussi un vouloir-saisir. Ce n'est pas un refus entêté de l'interprétation, mais une interprétation dégagée de ses facilités, une considération pour la complexité des êtres et les possibilités offertes par celleux qui jouent avec les normes comme on jongle avec le feu.

Pour altérer sans renfermer, le neutre a besoin d'une alliée, sans laquelle il risque toujours d'épouser les traits de la neutralité neutralisante, de raccourcir trop vite le temps laissé aux puissances pour s'exprimer. La douceur est cette alliée. Elle guide le neutre en faveur de la délicatesse, elle est une façon de l'orienter vers les intensités fragiles, leurs échos et leurs traces pour mieux desserrer les paradigmes et les normes qui les contraignent.

Je fais preuve de douceur ou de délicatesse quand, à la rencontre de l'autre, je ne pense pas, je n'agis pas comme si je savais déjà tout et quand, au moment où je commence à en savoir un peu plus, je ne considère pas que cela épuise ce que l'autre peut encore être, faire, devenir ou désirer. La douceur permet d'écouter sans orienter, d'accueillir sans déterminer. Elle pousse à porter attention à ce qui chuchote en l'autre, ce qui ne se dit pas ou ce qui se dit à demi-mot, aux vivacités silencieuses, au mineur justement que le neutre cherche à libérer.

Pour neutriser le paradigme et les normes, pour entrevoir ce qu'ils obscurcissent, il faut en effet pouvoir ouvrir quelque chose en nous : les pores, l'esprit, les perspectives ? Simplement ouvrir, et la douceur nous y pousse. Elle offre au neutre la possibilité d'une attention pour l'autre et lui confère ainsi sa force active et son effectivité en l'empêchant de se retrancher irrémédiablement dans une position gardienne du déséquilibre des forces.

Le neutre de son côté permet à la douceur de rester en mode mineur, de ne pas occuper la place qu'elle occupe dans les systèmes d'interprétation hégémoniques.

En mode majeur, la douceur est une valeur associée généralement au féminin, une attitude de sollicitude et par moment aussi de soumission, une façon d'être séduisante dans les cadres attendus de la féminité. Adoptée dans une version paradigmatique, la douceur ne fait pas de vague, ne dérange pas le cours du monde, et s'accompagne souvent d'une abnégation de ses propres besoins, de ses propres intensités au profit de ceux de tou·tes les autres. Cette douceur-là tend toujours l'autre joue, ne s'énerve pas, n'agresse jamais personne.

La maternité sacrificielle à laquelle elle renvoie présente un potentiel effrayant d'engloutissement. Elle peut, par dépit et parce qu'elle est l'opposé de l'agressivité ou de la force qui lui sont interdites par le paradigme, devenir tout simplement dévorante. Elle se fait alors complainte pressante et cherche à obtenir de l'autre ce que l'autre ne peut pas donner. La douceur majeure exige finalement le même sacrifice qu'elle-même est prête à offrir.

En son mode mineur, il y a une splendeur, une dimension extrême, radicale, de la douceur qui, alliée du neutre, transforme, altère, déplace. Cette radicalité se loge dans le refus d'un rapport à l'autre fondé sur l'agressivité frontale, le conflit direct et explicite. La douceur peut être une façon d'esquiver une catégorisation, une reproduction du paradigme en se dérobant à son contact, à son poids.

Une tactique pour détourner l'attaque, pour qu'elle rate sa cible. Une tactique qui ne vise ni à tendre l'autre joue ou à renvoyer l'ascenseur, ni à compter les points. La tactique d'Hermione face au filet du diable que j'ai évoquée plus haut mobilise une forme mineure de la douceur. Ne rien lâcher, ne pas abandonner, mais choisir autre chose que le conflit unique des termes. Et cela n'est possible que parce que la douceur oriente le neutre vers une volonté de ne pas blesser, de ne pas violenter l'autre plus que le conflit ne le violente déjà.

Le neutre permet à la douceur de rester en mode mineur, comme la douceur évite au neutre un retour vers la neutralité neutralisante. Il y a des binômes qui ne sont pas des binarismes, qui évitent à chacun de leur membre de se réinscrire justement dans le binarisme. Le neutre et la douceur travaillent toujours de concert, l'un et l'autre, l'un par l'autre, l'un avec l'autre.

En déployant le neutre, on cherche activement à mettre en suspens les vouloir-saisir, non pas avec un détachement impassible, mais à l'aide d'une douceur attentive. Accueillir l'autre, lui permettre d'exister au-delà de la place que lui a assignée le pouvoir de la norme. La douceur reconnaît que les êtres échouent presque toujours à observer les normes sociales et culturelles en vigueur, qu'ils finissent toujours par les excéder. Au lieu de voir dans ces échecs d'abord une folie – auquel cas elle devrait aussi déclarer que nous sommes tou·tes atteint·es de cette folie – elle aperçoit l'expression d'une singularité. «Voyons, nous dit-elle, ce qu'on peut faire avec ces façons étranges d'être au monde.»

La douceur ne tente pas de normaliser les comportements, de prévenir les déviations, elle vise à faire une place à ces façons d'être dans les arrangements de la vie en commun. La douceur libère de l'espace pour l'expression des souffrances tues, des désirs refoulés, des êtres au monde inadaptés.

Mais la douceur a peut-être une manifestation plus active encore. Une mise en pratique qui vise à adopter des comportements inventifs pour donner lieu chez autrui à des déplacements, à d'autres manières d'être, de sentir, de voir, de penser, de parler. Comment faire, en face de personnes qui reproduisent très clairement les normes, pour qu'elles puissent les reproduire un peu moins ? Ouvrir un chemin vers une manière d'être légèrement différente, montrer par des paroles et des actes que ces manières d'être sont autorisées, acceptées, possibles. Tu peux occuper *aussi* cette place-là, dire *aussi* ces mots-là, ressentir *aussi* ces choses-là. Favoriser la transformation des paradigmes, sans forcer ou contraindre à changer de gestuelle, de désir ou de langage. Laisser au petit garçon plus de place pour développer d'autres intérêts que les camions et les ballons. Ne pas capituler devant la culture ou la nature, mais sans non plus lui arracher des mains tous ses camions pour y mettre des poupées.

On comprend donc que le neutre allié à la douceur peut constituer une pratique éthique, un rapport à autrui sensible, ouvert, soucieux de ce qui l'isole dans une catégorie générale, d'un côté ou de l'autre d'une frontière binaire. Mais la promesse du neutre et de la douceur est-elle aussi réjouissante dans des situations où autrui est un objet d'amour ou de désir ? L'est-elle également quand le lien relève principalement du soin de la sollicitude ? Avant d'examiner quelques implications et réserves du neutre et de la douceur comme mode d'être aux autres, explorons ce que fait ce mode à ces deux figures relationnelles.

Amours neutres

Le neutre, à première vue, semble avoir peu affaire avec le désir. En amour, ne dit-on pas que l'indifférence est pire que la haine, qu'elle symbolise le détachement consumé, la disparition définitive du lien ? C'est le point de non-retour, celui où l'on sait enfin que tout est fini, que les chapitres sont clos, qu'il n'y a plus rien à se dire. Les souvenirs de l'époque où nous avons joué au jeu de l'amour se défont, s'éloignent, se perdent dans la grande mare de l'oubli.

On peut même arriver à dire, après une nouvelle rencontre et alors qu'on a perdu de vue les larmes versées, les insultes proférées, tous ces mots rédigés et jamais envoyés : « Oh mais X, je ne l'ai pas vraiment aimé·e. » Pour X, au contraire, pour qui l'amour sévit encore, qui n'a pas tout oublié, cette indifférence-là, le retour du point neutre – du point mort ? – est peut-être l'ultime affront. Mais il y a, là encore, une confusion entre le neutre et l'indifférence, le neutre et la neutralité.

Le neutre, allié à la douceur ou à la délicatesse, se cherche ailleurs que dans ce moment où l'autre ne nous affecte plus. Moment dont on pourrait d'ailleurs douter qu'il ne se présente jamais. Même quand son souffle devenu silencieux se perd dans les bruits alentour, l'autre continue à vivre en nous. Que serait un neutre qui agit, non pas pour oublier, pour chasser la douleur, pour partir, mais au moment même de l'intensité, comme ce qui, habité par elle, refuse de la transformer en volonté de pouvoir et de maîtrise ?

J'aime X, mais X ne m'appartient pas, mon amour pour X ne me donne aucun droit sur sa personne, ses gestes, ses désirs. Le neutre alors ne neutralise pas les émotions et les affections que X provoque, mais il neutrise plutôt les paradigmes hégémoniques de l'amour qui construisent des oppositions et des polarités entre passivité et activité, amoureu·se transi·e et amoureux·se qui éconduit, amoureux·se volage et amoureux·se jaloux·se, quittant·e et quitté·e.

Dans ses *Fragments du discours amoureux*, Barthes propose une occurrence du neutre dans le cadre amoureux, il la nomme « non-vouloir-saisir »[1]. Ce terme apparaît dans le dernier fragment, comme une résolution de tous les conflits

1. Roland Barthes, *Fragments d'un discours amoureux*, Seuil, 1977, p. 276.

intérieurs qui agitent le sujet amoureux. Le «non-vouloir-saisir» désigne une gestuelle du désir qui s'impose à lui contre les entreprises de saisie, de maîtrise, de contrôle à l'égard de son objet.

Le neutre dans ces cas-là représente une option alternative aux enfermements que chaque amoureux·se peut imposer à l'autre, enfermements psychiques, discursifs, affectifs qui peuvent être bien souvent à l'origine de violences d'ordre physique. Le non-vouloir-saisir incite à se défaire des topos, des clichés relationnels, des étiquettes accolées à chaque mot, chaque sourire, chaque regard. Cultiver le neutre, c'est «laisser venir (de l'autre) ce qui vient, laisser passer (de l'autre) ce qui s'en va; ne rien saisir, ne repousser rien: recevoir, ne pas conserver, produire sans s'approprier»[1]. Le sujet ne cherche plus à comprendre, saisir tous les gestes de l'autre comme des signes, il ne cherche plus à découvrir et embrasser la vérité de l'autre.

Le neutre du non-vouloir-saisir dans le *Discours* de Barthes est une attitude, un mouvement qui déploie la puissance du lien sans l'enfermer dans des significations bien connues,

1. *Ibid.*

dans des interprétations rapides vues et revues dans les comédies à l'eau de rose et les poncifs romanesques. Des amours-neutres seraient des amours qui s'efforcent de ne pas figer les termes relationnels une fois pour toutes, de favoriser l'inventivité et le déplacement ensemble et pour chacun·e. Se dessine alors la possibilité d'une relation non plus fondée sur des identités et des complémentarités, mais sur une réjouissance de ce qu'il y a là entre ses membres, sur une communauté d'expériences, voire d'expérimentations, et sur le désir peut-être de les prolonger. Développer des amours-neutres consiste à embrasser l'intensité de l'émotion, sans chercher à saisir son objet, à le comprendre à tout prix et donc aussi à le maîtriser et le contrôler. Étreindre sans étouffer.

Douceur et sollicitude

De nombreuses propositions théoriques et politiques récentes ont rappelé l'importance des éthiques, des activités et des institutions qui prennent en compte les besoins et les vulnérabilités des corps et des êtres peuplant notre monde : soin et éducation des enfants, accompagnement des personnes dépendantes, et plus largement toutes les activités orientées vers le maintien de la vie[1]. La pratique éthique que forme le neutre associé à la douceur n'aurait-elle pas un lien avec le soin et la sollicitude dont nos sociétés ont tant besoin ?

Ces pratiques et ces types de relations appartiennent, comme la douceur, aux registres des valeurs féminines réhabilitées, non parce qu'elles sont des valeurs féminines, mais pour leur contribution à rendre le monde plus vivable. La douceur néanmoins diffère de la sollicitude. La première est une ouverture, une suspension qui laisse place aux singularités, la seconde est une pratique qui vise à préserver, protéger, assister les corps et les êtres dans leurs efforts de persistance.

On pourrait penser que le neutre vient aussi suspendre le paradigme du soin qui permet à ses practicien·nes d'identifier les corps et les êtres vulnérables, de leur apporter de quoi subsister et de quoi vivre, le paradigme qui fait la différence entre les corps, entre les besoins, entre les vulnérabilités. Mais le neutre est un refus seulement

1. Voir par exemple, Patricia Paperman et Sandra Laugier, *Le Souci des autres : éthique et politique du care*, éditions de l'École des hautes études en sciences sociales, 2006 et Fabienne Brugère, *L'Éthique du « care »*. Pour une perspective critique différente, voir Elsa Dorlin, *Se défendre : une philosophie de la violence*, Zones, 2017.

des paradigmes dont l'exclusivité extrême des termes qu'ils opposent rend le monde invivable, au moins, pour certain·es .

En cela, le neutre ne dérange pas les éthiques de la sollicitude, mais les normes qui trient les êtres, les corps et les vies dignes de soin, les normes qui déterminent aussi à qui incombent ces éthiques. On devine ici peut-être un lien entre la sollicitude et la douceur sans qu'elles soient fongibles l'une dans l'autre.

Le neutre empêche ainsi la pensée de la sollicitude et celle de la vulnérabilité de retomber imperceptiblement dans une pensée conservatrice, voire réactionnaire. Celle qui réassigne les femmes aux savoirs et aux pratiques de soin et rejoue l'opposition entre vulnérabilité et autonomie, les positionne comme des caractéristiques exclusives d'un corps, d'une situation ou d'un être. Le neutre évite aux pratiques émancipatrices de se raccrocher tant bien que mal aux vieux paradigmes, d'y revenir, d'être par eux rattrapées sans même parfois le vouloir, souvent sur un malentendu. Son altération minutieuse travaille à déloger les vieux paradigmes là où ils sont facilement observables, mais aussi là où, au contraire, on les pensait déjà disparus.

Quelles normes, quels paradigmes peut-on reproduire en soignant, en s'occupant, en prenant soin ? Avant le soin, avant la sollicitude, ne faut-il pas chercher à suspendre la reproduction des assignations et des généralisations qui sont parfois déconnectées des objectifs premiers liés à la sollicitude ? Quelles pratiques, quelles décisions de soin différencient les corps selon des normes sexistes, racistes, validistes, spécistes, classistes, neurotypiques, enferment les êtres et leurs vies dans des trajectoires toutes tracées, et font toujours peser sur ces vies un pouvoir qui leur échappe ?

Neutriser la sollicitude permet à cette dernière de réaliser ses buts premiers sans être polluée par des paradigmes accessoires. Le neutre intervient dans tous les paradigmes comme une vigilance, une prudence face aux ruses de la norme, à ses principes, ses effets silencieusement, implicitement recréés. Il nous pousse à nous interroger sur les corps à qui d'instinct nous octroyons notre sollicitude, aux identités que doivent décliner ces corps pour que nous leur portions attention, aux grands ensembles auxquels il faut pouvoir les raccorder pour les reconnaître comme vulnérables.

Quelles sont finalement les pratiques de prise en compte de la vulnérabilité des êtres et du monde qui asservissent ces derniers aux pouvoirs de l'étiquetage, de la reconnaissance et de l'assignation et celles qui au contraire permettent aux êtres de déployer leur puissance malgré leur vulnérabilité ou plutôt à partir d'elle ?

Le neutre allié à la douceur pourrait ainsi libérer la sollicitude de sa portée paternaliste, lui éviter le conservatisme, détourner de son chemin la main invisible du patriarcat. La décharger finalement de ses prédéterminations sur les personnes à même de la manifester, celles qui sont légitimes pour la recevoir, et le type de soin qu'elle sait prodiguer.

Il y a le soin qui enferme, réduit les possibilités de celui ou celle qui en bénéficie sous prétexte de sa vulnérabilité : le soin comme chemin de retour à la norme. Mais il existe aussi une sollicitude douce, ouverte, accueillante, non assignante, altérant les dispositifs et les normes qui placent certain·es dans des situations de vulnérabilité et reproduisent la distinction entre le normal et le pathologique.

Regardons la prise en charge des enfants, des adolescents et des adultes neuroatypiques, c'est-à-dire, pour parler dans le langage des institutions de soin, des personnes à qui on a diagnostiqué un handicap cognitif. Cette prise en charge est une forme comme une autre de soin. Elle peut présenter divers niveaux d'investissement, de bienveillance et de sollicitude, mais elle peut aussi varier en pratique dans son rapport à la norme de neurotypicalité, et au paradigme qui construit les handicaps cognitifs comme tels.

On peut, par exemple, considérer que la différence des personnes neuroatypiques nécessite des institutions particulières, des lieux d'éducation et de vie distincts. Mais on peut également chercher au contraire à identifier ce qui dans nos institutions, dans nos lieux de vie et d'éducation doit être transformé pour pouvoir les accueillir, pour faire de la place à ces différences. Dans le premier cas, les pratiques de soin rejouent la distinction entre normal et pathologique, entre vies majoritaires et vies minoritaires. Dans le second cas, elles tentent au contraire d'atténuer le poids de cette différence au cours de la vie sociale sans effacer la pluralité des corps et des sensibilités.

La douceur permet de protéger les bonnes volontés des mauvais effets. Elle vient avant la sollicitude ou en toile de fond. Elle est en retrait, elle chuchote, laisse parler l'autre, l'écoute avant de lui demander des précisions sur son identité, son expérience. La douceur n'exige pas la vérité pour soigner, pour accueillir, elle reconnaît la multiplicité des points de vue. Elle s'adapte là où la sollicitude s'engouffre souvent à toute allure armée de préconçus et d'idées particulières sur le bien et le mal, sur les bons et les mauvais soins.

Une sollicitude assistée de la douceur ne cherche pas à enfermer, à maîtriser la détresse ou la misère de l'autre, sa vulnérabilité. Elle n'essaie pas de soigner certain·es au détriment des autres. Elle chérit, fait grandir ce qui au sein de nos vulnérabilités plurielles, singulières ou partagées cache une puissance, une possibilité, un horizon qui n'est pas encore dévoilé, au lieu d'orienter directement ces puissances dans des lignes écrites à l'avance. Et pour cela, elle mobilise le neutre qui altère les paradigmes.

La douceur d'avant la sollicitude, d'avec la sollicitude est libératrice de puissance, puissance elle-même, elle est écoute, ouverture et abstention d'imposer aux autres, à leur corps, à leur vie, à leurs désirs nos propres paradigmes, nos propres trajectoires, nos propres désirs. La douceur laisse vivre, laisse aimer, laisse choisir tout en reconnaissant que les vies sont toujours conditionnées, que les amours nous échappent, que les choix sont souvent des orientations à l'aveugle dans les ruelles de nos déterminations et de nos empêchements.

Insouverainetés

La douceur du neutre n'est pas celle d'une attitude permissive ou affable, elle n'est plus le simple attribut d'une peau ou d'un tissu moelleux, elle n'est pas non plus une facilité.

Étonnamment, faire preuve de douceur ou plutôt de cette douceur-là en mode mineur n'implique pas de caresser le monde dans le sens du poil par une parole mielleuse ou un geste doucereux. Cela ne consiste pas à recouvrir le monde de papier bulle. Certes, la douceur, comme mode d'être, sera toujours plus proche du velours que du jonc de mer. Mais même dans le velours et ses multiples variations, la rugosité n'est jamais loin. Il suffit pour s'en rendre compte de caresser le tissu en sens inverse. Il n'écorche pas les doigts, mais on peut facilement y sentir la trace d'une certaine friction, le début d'une sensation d'inconfort.

Il y a une différence entre ce qui est doux et ce qui est matelassé. En cela, investir la douceur et le neutre n'est jamais une mise à l'abri, ou une sécurisation définitive. Pour rester dans le champ lexical de la matière, la douceur alliée au neutre ne ressemble pas non plus à ce tissu synthétique qui fait les polaires et les couvertures, parfois les peignoirs, ce tissu qui accroche l'électricité statique tout en laissant l'eau couler sur lui sans l'accrocher.

Quel type d'espace la douceur et le neutre permettent-ils de composer ? Est-ce un espace protégé, dépourvu de toute forme d'agressivité, de tout conflit, où chacun·e semble a priori à son aise, mais où rien n'avance, où l'on reste figé, tranquillement, gentiment ? Dans un tel lieu aseptisé, tout, jusqu'au mur, est recouvert de matière pilou ; les prises, les objets coupants, les portes de tiroirs sont condamnées, on ne risque plus de s'y blesser. Chacun·e est assis· au chaud à l'intérieur d'un ballon de mousse. La table autour de laquelle nous nous trouvons est elle-même emballée dans du papier bulle, de telle sorte qu'elle se perd dans le reste des formes indistinctes de la pièce, on ne peut plus vraiment y poser quoi que ce soit, ni y manger ni y travailler ni simplement s'y accouder. Elle n'est plus d'aucune utilité.

Finalement, rien de nouveau ne peut se produire, les échanges sont impossibles. Le lieu est sécurisé et sécurisant, mais permet-il réellement de se déplacer, de se projeter collectivement ailleurs ? Quand on enlève la couche de protection, les mêmes meubles sont là, les mêmes personnes. Nous n'avons pas bougé d'un centimètre. Et les conflits, les dominations et les productions du paradigme reprennent de plus belle, car nous ne pouvons pas demeurer indéfiniment à l'abri d'un papier bulle.

La douceur dont je parle ici ne correspond pas à cet ordre matelassé. Elle ne produit ni sécurité ni confort, ou en tout cas s'il lui arrive de le faire, c'est simplement de surcroît. Pour le sujet qui la mobilise, la douceur est la plupart du temps une position largement inconfortable. La lutte ardente contre les paradigmes et les désignations est incommode, car renoncer à l'assignation, suppose de renoncer aux murs que l'on érige entre nous et les autres afin d'assurer notre bonne place dans un monde saturé par les normes. Pour suspendre le paradigme, à la recherche d'une forme de douceur, il faut renoncer à la quête d'un certain pouvoir, à la souveraineté particulière qu'accompagne le vouloir-saisir.

Vouloir-saisir est indissociable d'une tentative consciente ou inconsciente de maîtrise. On peut saisir le sens d'une phrase ou saisir un objet – s'en emparer, voire se l'approprier –, mais aussi saisir une opportunité – la tourner à son avantage, profiter du hasard pour faire avancer ses intérêts. Le vouloir-saisir renvoie bien à une utilisation du paradigme – le système de sens et des normes – dans une perspective de contrôle en face de l'incertitude dans laquelle nous plonge le monde.

Le sens du vouloir-saisir est toujours double : il déchiffre selon les cadres discursifs et symboliques du paradigme, dans le but de maîtriser le cours de l'interaction, de désarmer l'autre, de rester souverain. Connaître, identifier, analyser, paradigmatiser, normaliser pour contrôler, gouverner, maîtriser. Autrement dit, invoquer le neutre, adopter la douceur n'est jamais sans risque, puisque l'altération que le premier provoque et l'ouverture que cherche la seconde découvrent une incertitude.

Prenons un cauchemar type. Un·e rêveur·euse marche quelque part, essaie de se diriger vers un but, cherche un objet non identifié, conduit une voiture ou parle à quelqu'un, mais sa vision est floutée, les formes sont indistinctes, le monde est méconnaissable. Plus iel cherche à voir, plus iel cligne des yeux, les frotte, les écarquille, plus la scène s'assombrit, l'angoisse monte. Si au contraire, iel cesse de lutter contre la défaillance de sa vision, accepte ce flou qui l'entoure, l'opacité du monde, alors le rêve se fait plus vivable, la peur rend les armes.

Accepter contre-intuitivement de ne pas résister à la plante, de ne pas chercher à voir absolument, de ne pas catégoriser, c'est d'abord accepter que l'on ne voit pas et que peut-être on ne verra pas comme on veut voir, accepter que sur le terrain de la force, dans l'esprit du pouvoir, le filet du diable comme le monde sont plus forts que nous. Accepter... tout en déplaçant le jeu hors du champ initialement défini par le paradigme.

On ne pourra jamais embrasser l'insouveraineté totale, puisque la vie sociale nécessite un minimum de conventions communes sur lesquelles s'accorder. Mais faut-il que ces conventions reproduisent sans cesse les catégories qui conditionnent nos existences, et organisent encore les hiérarchies, de genre, de race, etc. ? Paul Ricœur propose par exemple de substituer « à la hantise de l'erreur [...] une sorte de compagnonnage avec la méprise »[1]. Chercher à savoir sans chercher à saisir pour admettre que ce que nous offre l'autre à son propos peut surprendre, voire bouleverser les préconçus que l'on avait pris jusqu'ici pour des vérités inaltérables. Suspendre le paradigme invite donc à renoncer par moment à la possibilité d'évoluer dans le monde armé des lunettes rassurantes des normes.

---

1. Paul Ricœur, *Parcours de la reconnaissance : trois études*, Stock, 2004, p. 369.

L'insouveraineté de la douceur se trouve aussi dans celle que provoque un renoncement à s'accorder définitivement sur ses propres appartenances. Si je ne sais plus dans quelle case, dans quelles frontières ranger l'autre, il me devient difficile, moi-même, de me définir. Si je suis un homme, quel questionnement de mes croyances, de ma propre masculinité, faut-il que j'accepte pour suspendre le trouble provoqué par une façon d'être au monde dérangeant le paradigme du genre ? Ne plus penser que les données catégorielles sont des points cardinaux permettant de guider nos existences conduit à accepter que l'on puisse être défait·e par l'autre, par sa rencontre, ses mots, son action, accepter que l'on soit de toute façon toujours déjà défait·e par l'autre.

Altérer n'est pas annuler, changer, remplacer, mais simplement ouvrir à la possibilité que l'autre nous transforme – altérer, c'est littéralement « faire devenir autre ». C'est laisser entrer l'autre sans savoir qui est cet autre, sans connaître à l'avance la portée de ses actions, si l'accueil nous nuira ou nous sauvera. En cela, le neutre entre en lien direct avec l'hospitalité inconditionnelle. Il permet cette hospitalité : s'altérer, accepter l'effet ontologique de la rencontre, abandonner la position souveraine.

Le neutre déstabilise une subjectivité qui reposerait sur le pouvoir de l'identité, la certitude d'une conscience transparente à soi-même et séparée des autres, au profit d'un sujet non souverain, ouvert, exposé à la transformation et à la perte. Le neutre met à mal les volontés de maîtrise du monde et de soi, car c'est souvent pour nous protéger que nous cherchons à maîtriser. Le neutre refuse de se comprendre dans les termes du pouvoir *sur*, mais ce refus qui laisse place à la puissance défaite de ses boussoles et de ses cartes est un pari et un risque.

Si je quitte le paradigme, si j'abandonne la chaleur rassurante du vouloir-saisir, que reste-t-il pour s'orienter dans le monde ? La puissance à laquelle laisse place le neutre est imprévisible, on ne sait pas ce qu'elle peut faire, où elle peut aller, dans quelle direction nous mener. Barthes suggère de « [quitter] le vouloir-saisir, [aménager] le vouloir-vivre »[1]. Si nous reformulons, cela revient à dire : « je quitte, je refuse le pouvoir, j'aménage, j'accueille le déploiement de la puissance encore in-ordonnée ». In-ordonnée ici ne signifie pas nécessairement en désordre mais située sur une carte dont les coordonnées sont

1. Roland Barthes, *Le Neutre*, p. 39.

inconnues ou en mouvement, passées au second plan.

Précautions

La douceur et le neutre ne sauraient néanmoins nous faire basculer dans une forme d'ouverture sacrificielle à l'autre, où l'on risque tout, à tout prix. Si le neutre produit de l'incertitude et que la douceur exige toujours une ouverture à l'autre, la combinaison de l'un et l'autre peut parfois représenter un risque trop élevé.

De fait, plus l'ouverture est large et durable, plus l'incertitude est dangereuse, et réciproquement plus l'incertitude est grande, plus le risque qu'accompagne l'ouverture s'accroît. Par moment, certaines assignations, certaines catégorisations, certaines reproductions du paradigme sont vitales et représentent un moindre coût. Elles retiennent l'ouverture, bloquent le développement de la brèche avant que celle-ci ne se transforme en déchirure. Elles permettent finalement de retourner vers soi l'élan de la douceur.

Je pense ici par exemple à la méfiance éprouvée dans certaines situations par des personnes que le paradigme a placées dans une position minoritaire, méfiance qui les fait redouter un acte de violence de la part d'un·e ou plusieurs membres d'un groupe majoritaire. Cette méfiance résulte bien d'une assignation, de la classification d'une personne selon des termes généraux afin de désamorcer les effets de pouvoir que, du fait de sa place dans le paradigme, elle est susceptible d'exercer. C'est aussi la méfiance soudaine d'une femme qui, marchant la nuit dans une rue déserte, entend des pas derrière elle et aperçoit en regardant par-dessus son épaule une silhouette qu'elle attribue à un homme.

Les paradigmes distribuent inégalement le risque et la vulnérabilité en fonction des catégories qu'ils nous allouent. Les corps et les subjectivités qui sont situés dans les groupes B, dans le second terme d'un binarisme, celui qui représente le grand Autre d'une catégorie dominante – femme, non-blanc, queer, classes populaires, etc. – sont plus grandement exposés à l'incertitude de la vie sociale, aux assignations arbitraires menant à des formes diverses de violences psychiques, physiques, verbales. Leur place dans le paradigme est évidemment plus coûteuse. Les catégorisations, les reproductions, les vouloir-saisir élaborés en retour, à partir de ces positions-là, comme tentatives de conjurer ces vulnérabilités semblent souvent inévitables.

Il y a une différence cruciale, par exemple, entre la méfiance des personnes racisées face aux forces de police et la méfiance d'un·e employeur·se ou d'un·e bailleur·se face à la candidature d'une personne perçue comme non-blanche. La première résulte de multiples expériences de discrimination, la seconde d'un ensemble de croyances paradigmatiques qui contribuent directement à reconduire des discriminations. La douceur s'impose plus lourdement quand elle suspend les opérations de catégorisation produites sur les personnes occupant une place minoritaire dans un paradigme structurant, que celles qui repèrent et assignent des catégories dominantes.

D'abord, car les termes dominants d'un paradigme se sont souvent présentés à tort comme a-catégorielles, comme incarnant l'universel et le général. Le terme «homme» utilisé pour signifier «être humain» le prouve de la façon la plus évidente. Il peut donc être important de rappeler que ces termes, au contraire, occupent aussi une fonction dans les binarismes existants. Ensuite, parce que leur position dans les relations de pouvoir offre aux personnes assignées dans ces catégories-là une place de choix qui leur permet d'user plus librement, de combattre plus facilement, et d'instrumentaliser à loisir les vouloir-saisir, ceux qu'on leur impose et ceux qu'elles élaborent.

Les vouloir-saisir produits par les groupes qui, dans un paradigme structurant, détiennent la majorité des ressources matérielles et symboliques sont plus directement des effets de pouvoir *sur*. Ils pèsent davantage dans la reproduction des binarismes et des rapports de force. Ces vouloirs-saisir sont ceux qu'il est le plus urgent de neutriser. Pour les majorités, renoncer à la souveraineté confortable du paradigme, suppose non seulement de renoncer à un privilège que seules les normes nous accordent, mais surtout à une forme d'illusion. Il n'y a pas dans notre monde d'être pleinement souverain et autonome. Il y a seulement des réseaux matériels et immatériels de soutien, une répartition inégalitaire du pouvoir *sur* associée aux vouloirs-saisir qui offrent à certain·es un peu plus de souveraineté au détriment de tou·tes les autres.

Le problème, néanmoins, réside dans le fait que les vouloir-saisir produits par les groupes A ne sont pas détrônés si facilement. Les privilèges ne sont pas abandonnés si volontiers par celleux qui les détiennent. Iels doivent toutefois se demander, au-delà du maintien de leurs intérêts, s'iels souhaitent vraiment vivre dans un monde structuré par des paradigmes hiérarchiques. Et pour celleux qui ont déjà la réponse, il s'agit surtout de faire travailler le neutre à une échelle non seulement intersubjective, mais plus largement collective.

CHAPITRE III

Politique du neutre

Neutriser les arrangements collectifs

Le déploiement du neutre comme une manière d'être au monde qui cherche, au cœur de la vie sociale, de la vie intime, à réduire les vouloir-saisir inconscients ne suffit pas. L'exigence de douceur qui mobilise et active le neutre finira toujours par buter contre des structures et contre des échelles d'assignation plus grandes. Mais les structures, j'insiste, ne sont pas ici les lois intouchables de la culture, ni seulement des relations de domination économique. Les structures sont également les binarismes incrustés, sédimentés dans des organisations concrètes, dans des arrangements collectifs, des dispositifs administratifs et juridiques, ainsi que des pratiques sociales institutionnalisées qui ne relèvent pas uniquement du droit.

Le paradigme est fondamentalement un principe de gouvernement. Les normes qui nous déterminent, celles qui nous permettent de vivre tout en organisant nos existences selon un ordre réifiant et hiérarchique, s'incarnent dans des pratiques sociales qui orientent quotidiennement les corps et les êtres pour qu'ils prennent un pli paradigmatique. Le neutre peut alors bien constituer aussi un mode d'organisation, voire une tactique politique.

Il importe donc de suspendre les réitérations du vouloir-saisir, non seulement chacun·e chez soi, dans son rapport au monde, mais surtout dans nos existences communes, dans la quotidienneté des pratiques collectives et institutionnelles.

Les paradigmes politiques les plus structurants résultent à la fois de rapports matériels de production et de reproduction, et des normes sociales ou plus précisément des instances symboliques qui offrent à ces normes vérité et légitimité. Les assignations catégorielles, culturelles, normatives participent tout autant aux hiérarchies que les divisions du travail et les organisations économiques. On ne pourra se défaire des unes sans se défaire des autres et c'est à cela que nous aide le neutre.

Les vouloir-saisir politiques sont les occurrences explicites et implicites d'un binarisme par ailleurs hiérarchisant, incrustées dans une institution sociale, qu'elle soit formelle ou informelle. Cela inclut la distribution des espaces, des droits et des ressources sociales et matérielles selon des critères identitaires issus d'un paradigme structurant ou d'un autre. Mais cela inclut aussi ces distributions qui se font de manière plus insidieuse selon des normes sociales, des normes de comportements, de langages, de représentation qui renvoient, *in fine*, à des appartenances de groupe attachées à des paradigmes structurants.

Il y a par exemple la frénésie des instances de l'État pour saisir les corps et les êtres – et certains plus que d'autres, surtout –, par le savoir, par la cartographie, par les identités apposées, assignées, par ce que Foucault nommait, « la morale d'état-civil »[1]. Qui êtes-vous ? À quels ensembles appartenez-vous ? Où vivez-vous ? Où allez-vous ? Voilà les questions qu'une pratique du neutre voudrait déroutiniser et par là, miner

1. Michel Foucault, *L'Archéologie du Savoir*, Gallimard, 1969, p. 28.

les normalisations et les hiérarchisations auxquelles elles donnent lieu.

Il y a aussi les ségrégations de droit ou de fait qui reproduisent spatialement, visuellement et corporellement le paradigme et l'opposition hiérarchique de ses termes. Les ségrégations des espaces, des lieux d'habitation, d'éducation, de travail s'organisent en fonction de lignes identitaires plus ou moins formulées et de normes sexistes, racistes, classistes qui semblent se reproduire seules. Le vouloir-saisir politique réside dans la force d'une injonction à se mettre là, à se situer ici, à ne pas se mélanger avec ces corps-ci et ces subjectivités-là.

Si l'ordre social, ses règles explicites et ses effets implicites séparent les oiseaux à trois pattes – à quatre, à cinq, à une – des oiseaux à deux pattes, si les oiseaux à deux pattes ne fréquentent jamais leurs comparses à trois pattes, si tout ce qui n'a pas deux pattes et ressemble à un oiseau est exclu de leur vie en commun, de leurs représentations, de leurs symboles, alors on comprend que trois pattes, à nouveau, c'est une patte de trop.

Prenons l'espace public au sens matériel du terme. Ce dernier est rarement considéré comme favorisant délibérément certain·es de ses usager·es plutôt que d'autres. Il fait office de contenant que nous traversons, sans y penser, lors de nos déplacements quotidiens. Les escaliers du métro sont typiques de ces entités que la plupart d'entre nous empruntons sans les interroger. Ils sont là, comme des objets anhistoriques, comme s'ils avaient toujours été là, comme si c'était la seule et unique façon de se rendre des rues bétonnées à la rame du train. Ils sont parfois sales, d'autres fois glissants, souvent gris, mais ne représentent pas de prise de parti notable. Pour qui les emprunte tous les jours afin d'aller travailler ou de se déplacer dans la ville, ils sont, d'une certaine façon, on ne peut plus neutres.

Encore faut-il, pourtant, que ce « qui » soit pourvu de jambes fonctionnelles pour les dévaler. Les escaliers sont neutres seulement au sens majeur du terme et perdent de leur insignifiance dès lors que l'on ne s'inscrit pas dans la communauté de celleux qui marchent, grimpent, courent aisément de leurs deux pieds. L'escalier devient alors obstacle, à la fois physique et symbolique. Il interdit à certain·es l'accès à l'espace public, leur refuse la mobilité urbaine. Il fabrique des lieux de transport, de culture, de commerce ou de promenade, des administrations et des organisations qui sont, non pas accessibles à tou·tes comme la plupart d'entre nous veut bien le penser, mais des endroits réservés, des chasses gardées où n'ont pas leur place celleux qui ne peuvent pas, pour des raisons variées, monter ses marches.

Un élément de l'espace qui, à la majorité, semble inoffensif et sans effet, empêche et marginalise celleux qui dérogent à la norme : les personnes en fauteuil roulant ou qui se déplacent avec grande difficulté, mais aussi celles accompagnées de jeunes enfants dans des poussettes.

De ce point de vue, neutriser un lieu implique de s'interroger sur les corps et subjectivités qui sont susceptibles de s'y mouvoir et d'y apparaître sans effort particulier. Cela demande aussi de porter attention à l'expérience et au vécu de celleux qui devront à l'inverse se plier en quatre pour occuper ce lieu-là, voire y renoncer complètement. Comment se rendre d'un étage à un autre sans laisser derrière soi celleux d'entre nous qui ne peuvent pas grimper des escaliers, comment ouvrir l'espace public à des corps et des mobilités différentes ou minoritaires ?

Pour neutriser, on tente donc de remplacer un arrangement collectif paradigmatisant par une alternative un peu moins fixante, un peu moins aliénante, un peu moins assignante.

Certaines solutions à la fausse neutralité des escaliers reproduisent également le paradigme en donnant simplement place et visibilité aux termes que l'apparente neutralité d'un dispositif majoritaire avait effacés. Introduire une rampe spéciale pour les personnes à mobilité réduite à l'aide d'un sigle défini – par exemple un petit fauteuil roulant – fait partie de ces amendements reproduisant symboliquement le binarisme entre corps valides et corps invalides et la partition de l'espace commun. Les choix pourtant sont multiples pour transformer l'espace sans reconduire la distinction, pour suspendre non seulement l'accès inégal à l'espace, mais aussi les normes qui trient les corps : installer des ascenseurs pour tou·tes à côté des escaliers et renseigner leur présence par un sigle présentant simplement un ascenseur, remplacer les escaliers par des rampes lisses ou éviter tout simplement, quand cela est possible, de construire des étages.

Les escaliers sont une occurrence parmi tant d'autres d'arrangements collectifs et de pratiques naturalisées qui reproduisent les paradigmes et leurs normes. Peut-on imaginer des arrangements alternatifs et emprunter un chemin de traverse entre la neutralité de conservation qui favorise toujours un des termes du paradigme et le réflexe réactif qui vise à donner un peu plus aux termes dévalorisés ? Il se peut que l'émancipation consiste parfois à atténuer le privilège d'un groupe plutôt qu'à chercher à accorder à d'autres ce même privilège.

C'est ce que soutient le philosophe étasunien Patchen Markell, dans un livre critique à propos du concept de reconnaissance[1]. La reconnaissance a été théorisée par de nombreux·ses penseur·euses contemporain·es de tradition hégélienne, comme l'idéal d'une existence sociale réussie. Ancrée dans l'idée que nous nous définissons en tant qu'individus à partir du regard de l'autre, la reconnaissance se présente par exemple chez Axel Honneth comme un bien social nécessaire au développement d'un rapport apaisé à soi[2]. C'est à partir de la reconnaissance qu'accordent les autres et plus largement le groupe et la société à nos identités, appartenances et formes de vie que nous pouvons les considérer comme dignes de valeur et de respect. Dans cette perspective, l'objectif politique devient alors de lutter pour la reconnaissance des groupes sociaux et des modes

1. Patchen Markell, *Bound by recognition*, Princeton University Press, 2003.

2. Par exemple, Axel Honneth, *La Lutte pour la reconnaissance*, Gallimard, 2013.

de vie culturellement, politiquement et socialement déconsidérés. Ce mode de luttes néanmoins s'inscrit dans une logique de paradigmes puisqu'il consiste à offrir aux minorités le même type de privilège dont jouissent les identités et modes de vie majoritaires sans chercher à déstabiliser les binarismes ou les frontières entre les groupes.

Or, le problème pour Patchen Markell réside dans l'incertitude et le manque de maîtrise qui caractérisent l'existence sociale et qui vouent à l'échec toute tentative de reconnaissance pleine et définitive d'une identité ou d'un groupe déterminé. Selon lui, l'idée de reconnaissance présuppose l'existence d'une identité psychique unitaire qui, si elle se construit dans un cadre social approprié, permet à l'individu de se découvrir dans son authenticité. Markell rappelle que cette conception de l'identité ignore les conditions sociales et politiques de notre présence au monde qui risquent toujours d'altérer ou de défaire l'identité individuelle ou collective dont nous pourrions exiger la reconnaissance.

Markell propose ainsi plutôt qu'une politique de reconnaissance, une politique de l'*acknowledgement*. Le concept n'a pas de traduction française spécifique par rapport à celui de reconnaissance. La différence se situe en fait au niveau de ce qu'il s'agit de reconnaître, les identités, les groupes et les cultures spécifiques (pour les théories de la reconnaissance) ou bien la condition de vulnérabilité et d'insouveraineté qui caractérise la vie sociale, et donc aussi les identités, les groupes et les cultures.

Des voix se sont élevées pour dénoncer l'exclusion et l'invisibilisation sociales des personnes intersexes et des personnes non binaires dont le corps n'est pas reconnu dans le paradigme de la différence sexuelle ou qui ne s'y reconnaissent pas. Mais faut-il ajouter des catégories d'identification et de reconnaissance au binarisme existant ou plutôt tenter d'atténuer l'importance de ce binarisme dans nos existences et donc au sein des différentes institutions politiques et administratives qui les organisent[1] ?

La logique du neutre est une logique de suspension et donc de «moins» plutôt que de «plus». Dans le cadre d'une réflexion sur la justice sociale et sur l'émancipation, cela pourrait paraître louche et indiquer une volonté de nivellement

---

1. J'ai tenté de montrer ailleurs les paradoxes qu'accompagneraient la reconnaissance par l'état d'un sexe neutre à l'état-civil, notamment dans «Le sexe-a-t-il besoin de reconnaissance? Le cas du sexe à l'état civil», *Question(s) d'identité,* sous la direction de François Debras et Jérôme Nossent, Presse Universitaire de Liège, 2021.

par le bas. De fait, les résultats de la politique du neutre sont moins directement perceptibles, car ce dernier travaille de manière plus délicate. Suspendre permet d'altérer l'ordre social en ouvrant la possibilité aux petits déplacements, aux petites modifications, à la lente recomposition des puissances qui au fur et à mesure, sans que l'on puisse vraiment en prédire la forme, dessineront des liens nouveaux et des agencements différents.

On l'aura compris, la proposition de neutriser certaines occurrences des paradigmes structurants dans la matérialité de nos existences n'est pas un appel à une politique loin des institutions, une politique qui recomposerait simplement des modes de vie et des microcommunautés, une politique où il serait possible de faire en dehors des paradigmes. La politique du neutre cherche plutôt à enrayer, défaire ce qui dans les arrangements collectifs et les discours majoritaires, dans le désir de stabilité et durabilité du monde – d'un certain monde –, empêche par trop les potentialités de s'exprimer. Le neutre n'invite pas à fuir le monde, à faire sécession, à créer un monde hors du monde. Il cherche au contraire à l'altérer tout en différant la réitération, le retour du paradigme.

Collectivement, le neutre suggère une alternative silencieuse – discrète, mais radicale – aux politiques et aux ensembles fondés sur la défense d'un groupe. Ou fondés, pour parler avec le paradigme, sur la bataille pour les intérêts d'un de ses termes, que ce soient les politiques minoritaires qui rejouent le paradigme ou, surtout, toutes les politiques des dominants camouflés sous une neutralité de *statu quo*. Le monde des oiseaux à deux pattes s'établit trop souvent comme le seul monde possible.

Le neutre quitte le prisme de la guerre ou de la guerre telle qu'on l'imagine le plus souvent : deux camps adverses s'opposant pour la victoire. Le neutre fait la guerre aux normes, il fait la guerre au paradigme. La conflictualité du paradigme n'est pas évacuée ou ignorée, mais ses accroches lui sont peu à peu, lentement, doucement, imperceptiblement retirées sur tous les terrains de jeu où il est insidieusement remis en scène.

Le neutre est-il un libéralisme ?

J'entends déjà sonner le doute. Cette suspension du paradigme, cette soustraction des normes ne ressemble-t-elle pas curieusement à une forme de laisser-faire, de liberté négative, d'abstention d'interférer ? Est-on sûr que cela change quelque chose ? Sans qu'on les y force explicitement, les binarismes ne se reproduisent-ils pas d'eux-mêmes ?

Certes, dans l'abstention, dans le silence des institutions se composent et se recomposent allègrement les formes des pouvoirs majoritaires. Laissez les gens vivre comme ils l'entendent et ils vivront seulement selon les indications de la culture hégémonique.

Pourquoi ? On retrouve ici la critique d'un libéralisme politique structuré autour d'un idéal de liberté individuelle : parce que les institutions sont peuplées, gouvernées, interprétées par des individus ou des groupes qui, dans l'indétermination, peuvent bien rejouer encore et toujours les oppositions paradigmatiques. Et parce que des dispositifs plus subtils, plus insidieux d'imposition des normes, de reproduction des relations de pouvoir matérielles et symboliques auront tout le loisir de se déployer dans le vide de la loi ou des arrangements collectifs plus informels. Et ces dispositifs-là sont rarement considérés comme des atteintes à la liberté individuelle.

Or, en reprochant au neutre ce qu'on reproche à la liberté individuelle, on confond encore neutre et neutralité. La suspension ou la neutrisation du paradigme n'est pas un autre nom pour la non-interférence chère à l'appareil normatif du libéralisme. La suspension et la non-interférence partagent seulement l'intuition qu'il y a quelque chose de bénéfique à s'abstenir d'imposer quelque chose à tout ou partie du collectif que l'on constitue. La distinction fondamentale entre l'une et l'autre réside dans la définition et l'élucidation de ce quelque chose.

La liberté individuelle du libéralisme consiste généralement à consentir librement à des relations ou des contrats, à mener son existence individuelle sans interférence arbitraire et non voulue de la part d'autrui. Politiquement, donc, elle consiste principalement en un refus de toute interdiction ou obligation formulée explicitement par la collectivité quand le but de cette interdiction ou de cette obligation n'est pas d'assurer le respect pour les autres de cette même liberté. Ce que le neutre suspend, ce ne sont pas ces interférences-là ou en tout cas pas seulement.

La distinction se fonde en réalité sur deux approches différentes du consentement libre et surtout des effets de pouvoir, c'est-à-dire de restriction et de consignation des puissances à des places prédéterminées.

La liberté individuelle s'intéresse à l'intervention explicite et non consentie d'autrui dans mon existence, tandis que le neutre prend pour cible la reproduction subtile et non questionnée des normes qui construisent et accordent une place centrale dans nos vies aux binarismes structurants. Ces reproductions du paradigme sembleront pour le moins inoffensives à quiconque est attaché exclusivement au principe de liberté individuelle.

Michel Foucault a montré comment le libéralisme est en fait un régime de gouvernement particulier, un régime qui impose des normes tout en faisant en sorte de gouverner le moins possible. Donc en imposant une force qui n'est pas perceptible en tant que telle et en tentant aussi de déployer une énergie réduite à son minimum[1]. Cela ne veut pas dire, néanmoins, que le pouvoir sur les corps, les subjectivités et les formes de vie disparaît. Bien au contraire. Cela signifie que ce pouvoir prend une forme spécifique : celle de la normalisation.

La normalisation est une occurrence de production du paradigme puisqu'elle consiste à

1. Ce n'est d'ailleurs pas un hasard si la pensée politique rejoint ici la pensée économique pour ce qui est de réduire l'intervention publique, dans une économie de coût et de moyen. Voir sur ces questions Michel Foucault, *Naissance de la biopolitique : cours au Collège de France, 1978-1979*, Gallimard, 2004, et notamment l'interprétation récente de Geoffroy de Lagasnerie, *La Dernière Leçon de Michel Foucault : sur le néolibéralisme, la théorie et la politique*, Fayard, 2012.

faire correspondre le plus possible une pratique singulière à une norme générale (au risque d'être considéré comme anormal). Elle le fait en fonction de certains critères, tout en laissant croire à l'auteur de cette pratique – comprise au sens large comme comportement, geste, parole, formes de vie – qu'elle est le résultat d'une impulsion ou d'un choix individuel souverain.

Les critères en question sont généralement puisés dans les binarismes paradigmatiques ; une femme non féminine, un homme qui désire les hommes, un être humain qui ne fait pas un usage rationnel du langage, un corps qui ne marche pas sur deux pattes, autant de façons de distinguer le normal de l'anormal et autant de façons de le faire à partir des grands paradigmes que l'on connaît – corps valide/corps invalide, rationalité/irrationalité, féminin/masculin, hétérosexuel/homosexuel –, les uns recoupant et renforçant parfois les autres.

La normalisation a pour effet de rattacher toujours les formes de vie à des ensembles qui les dépassent, tout en faisant mine de n'imposer rien à personne. En feignant que ces classifications viennent d'ailleurs – de la biologie, de la psychologie, des choix individuels –, elle dépolitise aussi ces différences et invisibilise le rôle des dispositifs collectifs qui leur donnent poids, légitimité et centralité dans la vie sociale. Voilà le type d'organisation politique fondée sur le libéralisme et la liberté individuelle que nous connaissons. Voilà aussi le type d'organisation politique qu'une pratique politique du neutre remet en cause.

Le prisme du libéralisme ne donne pas les outils théoriques pour sonder sérieusement les occurrences multiples des binarismes au sein d'un collectif donné. Le cas du sexe à l'état civil met bien en évidence cette différence. Il est en effet difficile de percevoir comment les catégorisations genrées constituent en elles-mêmes une entorse à la liberté individuelle. Deux types de raisonnements sont possibles, les réflexions fondées sur l'exigence normative de la liberté individuelle n'étant pas monolithiques.

On peut considérer que le sexe, tout comme l'état civil, ne fait pas partie des dimensions de l'existence que l'on peut choisir, que ce dernier est directement lié à la biologie, et que donc l'état civil binaire n'enfreint la liberté individuelle de personne puisqu'il décrit adéquatement la société. Les personnes trans, non binaires ou intersexes sont ainsi renvoyées du côté du pathologique.

Ou bien on peut inscrire la réflexion dans une version plus progressiste de la liberté individuelle et reconnaître que l'identité de genre relève bien de l'autodétermination. Dans ce cas-là, il est possible d'amender le paradigme et d'ajouter une case pour les personnes qui ne se reconnaissent pas dans la stricte binarité. Respecter la liberté individuelle, c'est alors respecter le droit des personnes à ne pas se voir imposer une catégorie qu'elles n'ont pas choisie ou dans laquelle elles ne se reconnaissent pas.

Ces deux raisonnements montrent néanmoins que la logique de la liberté individuelle ne permet pas d'interroger la catégorisation, puisque celle-ci ne fait apparemment que constater l'appartenance à une catégorie biologique, dans sa version conservatrice, ou à un groupe de genre dans lequel les personnes de toute façon se reconnaissent, dans sa version plus progressiste. Cette catégorisation n'empêche par ailleurs pas directement les individus de mener à bien leur existence intime et sociale et ne produit pas de discrimination explicite, si du moins on peut les adapter aux différentes façons dont les personnes s'identifient.

Du point de vue du libéralisme politique et de la non-interférence qu'il exige, les mécanismes d'assignation visant à situer les corps et les formes de vie d'un côté ou de l'autre du paradigme ne posent donc pas problème. L'apport d'une réflexion sur le neutre est justement de mettre au jour les reproductions du paradigme plus intimes et plus insidieuses qui, à partir du principe de non-interférence ou de la liberté individuelle, paraissent inoffensives.

L'aspect individualiste de cette liberté est encore une autre marque de distinction avec la tactique du neutre et de la douceur que ce livre propose. L'individu libéral est un individu dont la liberté et l'indépendance sont sauvegardées tant qu'il n'est pas violenté, enfermé contre son gré et contraint par la force ou le droit à une chose à laquelle il n'a pas dûment consenti. Et pourtant, l'individu libéral n'en reste pas pour le moins assigné, catégorisé, inscrit dans des différences fondamentales et structurantes. Dans une perspective qui prend comme présupposé normatif la liberté individuelle, ces différences sont simplement dépolitisées.

Le neutre propose de déplacer le curseur de la réflexion politique. Ce qui nous occupe n'est plus la vérité non questionnée de ces différences et la manière dont une institution est la plus à même de préserver leur souveraineté et leur intégrité, mais plutôt la façon dont ces différences sont construites et toujours autorisées par des forces politiques.

En ne s'intéressant qu'à l'individu, la liberté négative comme idéal organisationnel d'un collectif n'en conduit pas moins à une certaine manière de concevoir la société. Une société dans laquelle, finalement, et puisque rien n'est mis en œuvre pour les secouer, pour questionner le fossé qui les séparent, les groupes sont censés coexister, sans heurt, le plus sereinement du monde… Mais donc sans réellement se croiser ou rebattre les cartes dans le jeu historique des pouvoirs et des dominations.

Penser le neutre implique de refuser de vivre dans une société où, sous couvert de liberté individuelle, chacun·e reste tranquillement à la place que le paradigme lui a assignée et où les formes de vie sont toujours orientées dans des termes binaires avec les violences que cela induit, les rencontres que cela interdit, les déplacements que cela stérilise. La politique du neutre dessine plutôt un monde dans lequel les paradigmes et leur prégnance ont perdu de leur importance et où être homme ou femme, noir·e ou blanc·he, valide ou invalide ce n'est plus tant ce qui compte.

La proposition du neutre est qu'un tel monde est possible si on réduit le poids de ces différences fondamentales dans notre rapport à autrui, dans les arrangements collectifs, mais aussi dans les images que l'on produit et érige comme nos mythologies. Cela nécessite donc de se défaire de l'idée courante qu'il existe une dépendance indépassable entre nos appartenances traversantes et la possibilité de faire société ou de faire communauté.

L'altération que produit le neutre permet d'évoluer dans le monde social en sentant un peu moins peser sur soi, et en imposant un peu moins aux autres, le poids assignant des normes. En cela, elle rend possible des agencements relationnels différents ou nouveaux et laisse advenir sans les orienter vers une valeur déterminée des gestes, des corps, des façons de penser et d'être au monde, des liens et des associations désaliénés, pour un moment, à certains endroits, des binarismes structurants.

Le neutre est-il un universalisme ?

Que ce soit clair, le neutre que j'expose ici n'est pas un éloge de l'universalisme républicain tel qu'il se manifeste la plupart du temps dans le débat public pour dénoncer les mouvements sociaux et les luttes des minorités pour l'égalité.

Ce projet républicain universaliste prétend défaire la pratique politique de ses attachements à des castes ou des identités particulières pour construire un collectif qui transcenderait les appartenances. Or, dans les faits, il efface plutôt les singularités, les variations de langue, de culture et de religions, de sexe, de pratiques et de mœurs, en excluant du collectif celleux qui ne semblent pas pouvoir se détacher de leurs propres variations. L'universalisme républicain tend à s'imposer comme une obligation de suppression de toutes les marques de particularités, mais seulement quand elles viennent de groupes minorisés.

Le neutre a sans doute des affinités avec un certain type d'universalisme, mais ce serait un universalisme, ouvert, en action, qui sait déjà que toute volonté d'universalisme réalisé est illusoire et qui surtout connaît les ambivalences de l'idéal républicain. C'est-à-dire sa propension à servir, tout comme la neutralité qui est parfois invoquée en son nom, le *statu quo* des relations sociales. Il y a bien une propriété dissolvante du neutre qui cherche à transformer, à arracher, à déplacer l'ordre social.

Mais cette propriété dissolvante ne s'adresse pas aux subjectivités individuelles, ou en tout cas pas directement. Les appartenances des individus ne sont pas dissoutes pour modeler le citoyen idéal. Si c'était le cas, on ne pourrait s'empêcher de donner une forme au modèle, que l'on coulerait irrémédiablement dans le moule d'une de ces appartenances érigées en généralité. Non, la propriété dissolvante du neutre s'adresse d'abord aux institutions et aux arrangements collectifs, elle s'adresse à ce qui en eux, justement, reconduit les appartenances et les paradigmes. Qu'ils les reconduisent de façon explicite ou plus subtilement, en catégorisant directement – état civil, pratiques de ségrégation et de division – ou en édifiant comme la norme générale des principes et des intérêts d'un groupe spécifique.

Loin d'une conception traditionnelle de l'individu autonome et rationnel, la proposition stratégique du neutre est avant toute chose ce que nous refusons d'imposer aux autres, que ce soit dans nos pratiques intersubjectives ou dans les organisations collectives que l'on construit. Elle est donc aussi une manière de composer une collectivité, mais une manière un peu différente, qui n'est ni fondée sur des identités communes et arrêtées ni sur un dépassement ou un effacement de ces identités.

Le neutre n'a donc, par exemple, rien à voir avec la neutralité républicaine prônée par la loi interdisant le port des signes religieux à l'école. Une politique du neutre neutrise avant tout les mécanismes institutionnels de reproduction du paradigme, mais ne demande pas aux personnes qui évoluent dans ces institutions de dissimuler leurs modes de vie ou leur spécificité.

Quand l'école française se veut neutre vis-à-vis de la religion en interdisant les signes ostentatoires, elle produit au contraire une distinction, une inégalité, un classement entre les adolescentes qui peuvent convenir aux archétypes de l'élève athée, sécularisée, bien intégrée, et celles qui portent le voile[1]. Distinction qui repose aussi sur la prédominance d'un usage chrétien au cœur de la pensée sécularisée, cette tradition qui fait de la pratique religieuse une activité privée, intime qui n'a besoin ni de signe extérieur ni de traits physiques distincts pour se réaliser.

La neutralité religieuse de l'école républicaine élabore ainsi une différence entre les élèves dont la pratique et les croyances ne sont pas empêchées par la loi (qui n'ont pas à choisir entre religion et instruction) et les élèves musulmanes dont l'articulation entre appartenance religieuse et appartenance scolaire est rendue impossible au sein de l'institution. Elles doivent

1. De nombreux textes ont déjà mis en évidence la fausse neutralité de cette façon de concevoir la laïcité. Pour une discussion très claire de ces questions et notamment une distinction entre neutralité de s*tatu quo* et neutralité réelle dans le cadre républicain, voir Cécile Laborde, *Français, encore un effort pour être républicains*, Seuil, 2010.

nécessairement choisir, se fondre dans une norme en délaissant certaines de leurs attaches, en renonçant.

Dans ce cas-ci, comme souvent, la neutralité républicaine fait peser le poids de l'adaptation plus lourdement sur certaines, mais elle colore aussi les représentations de la future citoyenne qui a ou non sa place à l'école. Ici, la neutralité neutralise les différences – de religion, de culture – considérées comme incompatibles avec le projet républicain au lieu de prendre le risque de voir la citoyenneté altérée, transformée par la simple présence de ces différences. Ces mesures imposent aussi par le haut et par l'exclusion une certaine vision de l'émancipation féminine au lieu de reconnaître que la possibilité de dialogue avec et entre les élèves, l'accueil égalitaire de toutes et la reconnaissance de l'autonomie des adolescentes sont plus révélateurs d'un espace de liberté et de potentialité que les habits qu'elles portent ou ne portent pas.

Cette neutralité préserve le *statu quo* des inégalités entre les groupes d'élèves, de parents et plus largement de citoyen·nes. Elle en réitère les principes et fait passer pour la marque de l'universalisme la coloration des institutions républicaines. Elle rappelle l'historicité de l'universalisme républicain et finalement son caractère situé qui s'adresse dans un contexte donné seulement à certain·es et assigne les autres à leur place minoritaire. Une politique qui mobilise le neutre et non la neutralité ne cherche pas à neutraliser les différences des individus, mais à neutriser la façon dont les institutions et les groupes majoritaires leur en imposent les cadres. Elle doit permettre aux élèves d'exister à l'école, quelles que soient leurs différences réelles ou supposées, sans les y renvoyer constamment, en cherchant plutôt à faire entendre et grandir les singularités qui peuvent s'exprimer au-delà de ces différences.

Il faudra aussi décevoir celleux qui, pourtant arrivé·es jusque-là, pensent encore voir dans le neutre un nouvel allié pour leur indignation contre les réunions politiques en non-mixité. Dans le cas des pratiques politiques féministes et antiracistes, la non-mixité est un outil stratégique. Elle n'est donc ni une imposition des paradigmes dans le but de maintenir en place les hiérarchies qu'ils organisent ni une reproduction non intentionnelle ou non questionnée de leur binarisme. De fait, dans ces réunions-là, le paradigme est l'objet même de la lutte politique, il est sujet à réflexion et à questionnement, son artificialité est mise en lumière.

La non-mixité politique agit comme un miroir des espaces politiques traditionnels qu'ils soient gouvernementaux ou contestataires (associations, partis politiques, assemblées, parlements, lieux de débat publics) dans lesquels les femmes et les personnes non blanches sont largement minoritaires. Finalement, les réunions non mixtes réalisent explicitement ce que les espaces politiques majoritaires font sans le dire : favoriser la parole, le point de vue, les intérêts des membres d'un groupe sur un autre[1]. Cette non-mixité dominante se constate d'un point de vue purement numéraire, mais aussi dans l'accueil réservé au peu de membres de groupes minorisés qui parviennent à se faire une place dans ces espaces : ces personnes ont plus de mal à se faire entendre, leurs prises de parole sont plus rares et plus souvent interrompues, les hiérarchies sexistes et racistes sont peu évoquées, etc.

Contrairement à ce qu'en disent leurs détracteur·rices, les non-mixités politiques sont ainsi rarement séparatistes. C'est-à-dire que les militant·es qui les mettent en place n'ont pas

1. Nancy Fraser, « Repenser l'espace public : une contribution à la critique de la démocratie réellement existante », dans *Qu'est-ce que la justice sociale ? reconnaissance et redistribution*, traduit par Estelle Ferrarese, La Découverte, 2005, pp. 107-145.

vocation à l'adopter partout, tout le temps, elles sont simplement cruciales à certains moments pour faire entendre les voix de celleux que l'espace public majoritaire est incapable d'entendre, celleux que les structures et les normes du débat politique et public fait taire ou empêche de parler.

C'est parce que la mixité de l'espace public et politique est un leurre partout ailleurs que la non-mixité militante est importante, pour pouvoir formuler un engagement politique, exprimer les expériences, réflexions et émotions à son origine et dessiner les contours d'une lutte, sans empêchement, accaparement, recouvrement de la parole par celleux à qui les structures sociales actuelles et les normes qui les constituent bénéficient.

La non-mixité politique est une étape utile à la mixité et elle n'est jamais une reproduction *ad vitam aeternam* des frontières paradigmatiques, son poids symbolique est par ailleurs réduit. Elle n'est inscrite ni dans les murs, ni dans les lois, ni dans les pratiques sociales hégémoniques. Au lieu de replacer les corps dans leur appartenance paradigmatique et d'associer toujours un contenu normatif sur la signification de ces identités, les réunions et les espaces politiques non mixtes permettent aux personnes qui les adoptent de négocier ensemble des moments d'agentivité à partir de leur position minorisée.

La non-mixité politique a néanmoins aussi pour effet de renvoyer en miroir l'exclusion à celleux qui d'ordinaire excluent. Elle peut aussi participer à construire ou renforcer des subjectivités et des identifications politiques selon les termes du paradigme. En cela, la non-mixité n'est pas en elle-même une politique du neutre, mais elle ne constitue pas non plus le type d'arrangements collectifs auxquels une telle politique s'attaque. La question repose surtout ce qu'il se passe ou se dit dans ces réunions non mixtes, les types de discours, d'actions, de revendications, de projets d'émancipation qui y sont développés. Sans doute certaines de ces réunions choisissent-elles de s'inscrire dans le paradigme et de lutter en ses termes. D'autres, au contraire, déploient des tactiques se rapprochant d'une altération du paradigme.

Quant à celleux qui sont exclu·es de ces réunions et sont tenté·es de vociférer leur indignation, le neutre les invite surtout à retourner réflexivement le regard et à s'interroger sur leur propre lieu de débat et de décision, sur les façons qu'iels ont de parler, de prendre la parole, de définir des sujets importants, et donc aussi d'inviter ou d'exclure, sans le dire, certaines subjectivités et certains corps. Encore une fois, c'est d'abord aux groupes qui occupent une place privilégiée dans un binarisme que la nécessité de déparadigmatiser s'impose puisque leurs espaces, leurs institutions, leurs productions sont les plus reconnus, les plus regardés, les plus légitimes.

L'altération du neutre s'attaque à ce qui, symboliquement et matériellement, réédifie les paradigmes structurants. Ce faisant, elle participe à la construction de collectivités façonnées, mais non plus à partir de conditions spécifiques d'identité - quelle que soit la grille de signes utilisée pour les déterminer. Elle construit avec ce qui est là, entre nous. Ce par quoi on est affecté, et ce qui touche ou non à l'élaboration d'un monde plus vivable.

S'il n'y a plus exclusivement du même et du différent, des corps et des êtres qui nous ressemblent et d'autres qui sont de nous l'opposé, qui ne peuvent pas ou qui ne peuvent que faire la différence, émerge peut-être alors une façon plus horizontale de construire une collectivité. Contre un humanisme toujours silencieusement travaillé par des paradigmes hiérarchisants, contre la politique du même ou la communauté du semblable pensées comme *sine qua non* de toute assemblée, la collectivité du neutre repose plutôt sur des projets, des visions du monde et des manières de le transformer.

Cela veut dire aussi que le neutre suggère une société dans laquelle on pratique plus souvent et plus avant la douceur. Une société où la douceur est possible, car elle est plus facile, rendue plus évidente par la dissolution des barrières paradigmatiques entre moi et les autres. En quelque sorte, les liens sont renforcés et la relation est d'autant plus assumée, facilitée, rendue réellement effective. La question n'est plus tant de savoir qui on est, à qui on ressemble et de qui on diffère, mais ce qu'on fait, pourquoi on le fait et surtout comment.

L'altération comme insatisfaction

La politique du neutre est une politique de l'altération. Elle desserre le nœud des normes qui arrime nos formes de vie à des binarismes structurants et hiérarchiques. Au lieu d'imposer la métamorphose, de produire un devoir-être, l'altération comme effet du neutre rend réalisable l'expression des puissances étouffées par le paradigme. Mais sans les diriger toutes vers un même but, sans leur faire prendre finalement la forme d'un autre pouvoir *sur* ou d'une nouvelle entité monolithique.

La transformation du neutre agit par l'imaginaire et par le corps pour déloger dans les recoins de nos intimités les injonctions à être ceci ou cela, ces injonctions qui viennent du dehors, des structures et des normes remises en scène dans la vie sociale. L'altération du neutre, c'est le déplacement par moment, la possibilité de laisser à certains endroits, dans certains espaces sociaux, la catégorie de côté. Ce n'est pas seulement la possibilité de se défaire des catégories dans l'ombre des chaumières, à la lumière tamisée de sa chambre ou derrière un avatar informatique.

L'altération du neutre passe par l'allègement de la morale d'état civil au cœur de la vie sociale, dans les interactions et les institutions. Non pas seulement dans la solitude de la nuit, mais aussi dans les rues bondées de la ville, dans les espaces publics et dans les collectifs qui nous occupent, qu'ils soient grands ou petits, officiellement ou officieusement politiques.

La tactique du neutre se veut donc une politique du quotidien, qui ne destitue pas les grandes structures de domination en renversant le système ou l'État. Non, elle le fait plutôt en dissolvant les façons dont ces structures, ces organisations sont soutenues, reproduites et légitimées par des dispositifs plus informels, dans des architectures, dans des spatialisations, dans des scénarios de cinéma, des objets, des produits de consommation, des formulaires administratifs.

Ce travail réflexif doit constamment se renouveler pour identifier les organisations collectives, les règlements intérieurs, les agencements d'espaces qui réactualisent, même implicitement, les frontières binaires du monde. C'est d'abord une critique, une politique de repérage puis une proposition pour une organisation différente de la vie collective.

Comment se dérober aux rouleaux compresseurs de la norme sans s'en extraire définitivement, complètement, sans risquer d'en reproduire le miroir inversé ? En refusant pour un temps la reproduction des normes, l'édition des normes nouvelles qui enferment et conditionnent les groupes. En reconnaissant que l'on ne peut se soustraire définitivement au paradigme, mais qu'on peut partiellement en retarder l'action, accorder un répit qui altère également son effet.

On aura réussi à déplacer un peu les jeux de la norme. On aura négocié pour soi-même et pour les autres des espaces de respiration face aux assignations, aux mises en demeure qui exigent de se situer dans le programme bien connu des personnes, des identités et des rôles. Des moments de repos face à tout ce qui donne un numéro dans l'ordre symbolique genré, racisé, classifié, et fige ainsi l'étendue des potentialités, des opportunités, et de ce que nous pouvons décemment attendre de ce monde strié par les normes.

Les suspensions du paradigme rendent possible sans les forcer des différences qui ne sont plus des Différences avec un D majuscule, mais qui s'approchent plutôt de la « différ*a*nce »[1] pensée par Jacques Derrida. Comme cette dernière, elles diffèrent sans être fondamentalement différentes en tout point, partout, tout le temps, sans qu'une distinction paradigmatique organise les places, les attributs, les prétentions à l'existence. Elles diffèrent donc avec des possibilités d'emprunt, de versatilité, de passage de l'un à l'autre, de l'un par l'autre. Le résultat serait ainsi la disposition d'un espace commun un peu moins ordonné par les paradigmes structurants, ceux qui assignent des places définies dans une logique toujours hiérarchique, même si cette dernière est implicite.

---

1. Jacques Derrida, « La différance », dans *Marges de la philosophie*, Minuit, 2006.

La spécificité du neutre dont je parle ici – et une autre de ses distinctions fondamentales avec un simple laisser-faire dont on a trop souvent entendu chanter les louanges –, c'est son aspect toujours insatisfait. Le neutre est un principe précaire et le reconnaître est peut-être le seul moyen de combattre les précarités que les paradigmes induisent. Car on a beau suspendre les assignations formelles, on court toujours le risque des assignations implicites, reconduites. Celles-ci sont les plus difficiles à atteindre. Elles agissent par le paradigme sans dire son nom. Mais le neutre est actif, il est une tactique de tous les instants.

Le paradigme a la vie dure, il reparaît sous d'autres formes. La politique du neutre n'est pas épuisée par les cadres juridiques, par les transformations institutionnelles. Tout compte fait, le paradigme est là depuis toujours ou presque, il ne disparaîtra pas d'un coup de baguette magique. La pratique du neutre n'est pas une intervention *deus ex machina*. Elle ne peut prendre appui que sur des collectifs qui la déploient (sans nécessairement d'ailleurs la nommer). Elle ne s'arrête pas une fois pour toutes. Elle demande sans cesse, elle interroge. Quels paradigmes sont reproduits ici ? Quelle grille de lisibilité est à l'œuvre ? Finalement, quelles normes de subjectivation, de normalisation s'imposent aux membres du collectif, mais aussi à celleux qui en sont potentiellement exclu·es ?

Il s'agit d'une attention minutieuse et d'un effort de nuance pour conserver la possibilité de critiques internes, même au moment des propositions les plus subversives, même au cœur de la révolte. Le neutre ne se repose jamais sur ses acquis, puisqu'il n'acquiert rien.

Souvent, bien sûr, il faudra faire un détour. Pour défaire durablement le paradigme, il sera nécessaire d'insister sur l'expérience et la position minoritaire d'un de ses termes, de remettre en scène la conflictualité.

Si par exemple le paradigme repose sur une ségrégation de fait – et non pas de droit –, une politique animée par la volonté de suspendre la reproduction du paradigme cherchera activement à dé-ségréguer. Mais elle tentera de le faire sans réassigner les membres des deux groupes à leurs identités respectives ou en les réassignant le moins possible. C'est aussi ce qui devra se produire quand l'un des groupes que le paradigme désigne a joué trop longtemps le jeu de la hiérarchie. La lutte contre les violences policières perpétrées contre des personnes racisées et celle dénonçant le racisme institutionnel qui organisent, de fait, les vulnérabilités sociales et économiques selon des lignes raciales porte ce type de discours.

La question devient alors la suivante : est-ce que cette reproduction se fait pour dénoncer les effets du paradigme comme les dominations et les hiérarchies ou pour alimenter sans cesse le conflit ? Et à quel prix ? À quel prix le paradigme est-il réinvoqué ? Peut-on, en même temps qu'on s'y engouffre, chercher à neutriser les principales instances de sa reproduction ? Cela impliquerait l'invention de subterfuges pour travailler ensemble des fronts contradictoires : prendre en compte le paradigme et les différences qu'il organise pour mieux, ensuite, en atténuer le poids.

Le neutre nous enjoint d'être attentif·ves au risque de la persistance silencieuse d'autres binarismes logés au cœur des combats politiques. L'histoire des émancipations diverses en est la preuve en acte. Les paradigmes du genre, de la classe, de la race, ceux qui antagonisent nature et culture, dépendance et indépendance viennent toujours envahir les luttes et les réorganiser, selon des ensembles qui déterminent ou empêchent de nouveau certaines puissances de s'exprimer, qui recodent les luttes dans les cadres de normes qui leur sont pourtant extérieures.

Les paradigmes et leurs normes sont têtus et cherchent insidieusement à reprendre leur droit avec leur lot de nouvelles exclusions. Chez certaines féministes, il y a le paradigme du vrai sexe, du sexe naturel qui sévit assidûment, et qui exclut des lieux de lutte les femmes trans au prétexte qu'elles ne seraient pas, elles, de «vraies» femmes. Dans le combat pour les droits des minorités sexuelles, des normes raciales et xénophobes persistent encore et poussent certain·es vers l'homonationalisme ou le rejet d'une immigration conçue comme une menace pour les modes de vie gays. Au cœur de certains discours écologistes, l'éloge d'un retour aux sources et aux procédés naturels, alliée à celle du lien ontologique qui existerait entre nature et féminité, risque toujours de faire ressurgir le paradigme du genre.

L'altération atténue ces effets d'écho qui peuvent toujours asseoir de nouveau la légitimité du paradigme en question, mais en accentue d'autres. Le neutre apporte justement une nuance, une réflexivité au cœur de l'action. Il interroge les procédés, les pratiques, les arrangements qui produisent et reconstituent les lignes de démarcation et les grandes oppositions, les hiérarchies, les comportements aliénants et leur protection.

L'enjeu serait de ne pas abandonner au moment de la transformation sociale les apports du neutre et son altération. Soyons conscient·es que les paradigmes se reproduisent partout, venant occuper la place difficilement laissée vacante par d'autres, qu'ils s'étendent si on n'y prend pas garde. La politique du neutre laisse donc au cœur d'une politique ou d'un arrangement collectif quelque chose d'actif, la possibilité d'une nouvelle altération, d'une ouverture. Le neutre, c'est la critique au sein de la critique, le mouvement de pause avant les mouvements radicaux, avant les prises de position comme avant le soin, le refus du pouvoir cultivé au cœur de la lutte pour l'empêcher de redevenir aliénante, séparante.

Cette nuance agit là encore par une association avec la douceur au cœur d'une lutte agressive. La douceur est politique puisque l'ouverture qu'elle indique rend possible l'émergence de liens qui ne sont pas directement organisés par des différences fondamentales ou substantielles, mais qui laissent voir ou élaborer ce qui peut nous être commun à côté de ces appartenances.

C'est une ligne certes vraiment difficile à tenir, une ligne qui nous échappe toujours pour prendre une forme plus définie, celle de la neutralité épousant le *statu quo* ou celle du combat dans les termes du paradigme, du combat majeur. Le neutre agit peut-être par itération comme quelque chose que l'on ne cesse de travailler avec soi-même et collectivement.

CHAPITRE IV

Le neutre, propositions féministes

Différences et hiérarchies de genre

« Aux femmes assassinées, la République indifférente ». Ce message affiché sur les murs du Panthéon par des membres du collectif Collages Féminicides Paris engagé contre les crimes conjugaux et les violences sexuelles atteste de l'actualité de la mise en cause féministe de la neutralité neutralisante que ce livre s'est jusque-là employé à critiquer[1]. La condamnation exprimée dans ce collage est double.

1. Le collectif « Collages Féminicides France » a réalisé ses premiers collages dans l'espace public urbain français en 2019. Ces collages visent à rendre visibles les victimes de violences sexuelles et sexistes et proposent ainsi des

D'une part, la formule s'adresse aux procédures déclarées et voulues neutres – c'est-à-dire dans ce cas précis, égalitaires et non discriminantes – des services de l'État et de la police qui semblent impuissants à résorber les violences sexistes : viols, violences conjugales, agressions sexuelles, assassinats, etc. Les procédures et les normes de l'action publique, qui se réclament neutres et « sans distinction de sexe », se trouvent toujours, dans les faits, asservies à l'expérience masculine.

L'appellation populaire « crime passionnel », par exemple, si elle ne constitue pas une catégorie juridique réelle, participe à la construction de l'imaginaire collectif sur le sujet des meurtres conjugaux. Elle atténue la gravité des violences subies dans le cadre d'une relation amoureuse ou maritale, violences qui touchent de manière disproportionnée les femmes.

L'impuissance et l'indifférence de « la République » face à ces crimes risquent ainsi d'être consolidées par ses représentant·es, notamment les membres des forces de l'ordre. Ces dernier·es, en effet, ne sont pas des émanations

---

messages variés. Je m'intéresse ici aux messages collés sur les grilles du Panthéon et à sa variante qui est aussi apparue ailleurs dans l'espace public, « aux femmes assassinées, la patrie indifférente ».

abstraites de ladite institution, mais des individus – et majoritairement des hommes – qui vivent en elle autant qu'ils la constituent, qui habitent le monde social et dont les attentes, le regard, les capacités d'interprétation et les pratiques sont aussi quadrillés par ses normes. Une femme victime de violences exercées par son conjoint se présente au commissariat. Mais au lieu de s'y voir accueillir avec sérieux, elle constate que le doute y prédomine. En fait-elle trop ? Comment savoir ? Qu'a-t-elle fait pour provoquer ainsi la colère d'un mari ? Et surtout, comment juger ce qui se passe dans le secret des foyers ?

Bien qu'elle n'ait plus formellement force de loi, l'impunité des hommes sur le corps de leurs épouses et de leurs enfants et la protection de leur autorité familiale persistent imperceptiblement dans la vie et la pratique des institutions républicaines. De fait, la vie privée est une valeur cardinale, protégée par nos plus grands principes politiques. Or, la vie privée peut aussi être un enfer quand la collectivité refuse de voir la violence qui se loge derrière les portes closes. Le viol conjugal a longtemps été une impossibilité sémantique pour la police et les juges. L'aura qui entoure la vie conjugale hétérosexuelle irradie encore, échappant presque toujours aux prérogatives de la loi, aux considérations légales sur ce qui est admis de faire subir à l'autre, à son corps.

Ces collages qui ont fleuri dans l'espace public urbain jusque sur les murs du Panthéon – bâtiment où l'existence privée d'un homme, toute sa personne, passe dans le domaine public – accusent l'aveuglement de la collectivité, la fausse neutralité de ses procédures. Ils s'insurgent donc contre l'indifférence généralisée face aux violences qui touchent disproportionnellement les femmes et qui sont couramment qualifiées de « crimes passionnels ».

Opposer à cette appellation celle de « féminicide », rappelle qu'une épouse ou une ex-conjointe a souvent été tuée parce qu'elle était une femme, parce qu'on pensait qu'elle était une femme, pour sa position en tant que femme, et qu'une femme, ça ne se comporte pas comme ceci ou comme cela.

Mais on devine sous la dénonciation évidente des féminicides et de l'indifférence de la collectivité une critique plus large, plus subtile, de la culture politique française et de sa figure tant adorée : celle du citoyen, républicain, loyal serviteur de la patrie. Figure non pas neutre comme certain·es ont tendance à l'affirmer, mais dont le genre masculin trône comme l'une de ses indélébiles colorations. « Aux grands Hommes », est-il écrit au fronton du Panthéon. Les quelques femmes y reposant ne sont que des exceptions confirmant la règle. Ces collages sur les murs de la ville dévoilent le «deux poids deux mesures» de la République et le sexe du citoyen modèle.

D'un côté, il y a les morts que l'institution reconnaît, car ils convenaient bien à l'image qu'elle se faisait de ses citoyens, hommes publics, méritants, forts, courageux, morts au front. De l'autre, les mortes, oubliées, anonymes, dans le secret des foyers, aux existences ordinairement privées. Et pourtant, comme le clament les collages en donnant à voir le nom de celles restées à l'abri de la lumière à défaut d'être à l'abri des coups, celles-ci aussi comptent. Les collages laissent des traces, ils luttent contre l'effacement des vies de celles que la République relègue à l'impermanence, car elles sont trop privées, trop banales, trop féminines.

Le collectif Collages Féminicides s'inscrit ainsi parmi les luttes féministes récentes contre les violences sexistes et sexuelles qui, à l'initiative des mouvements #metoo et #balancetonporc, mettent en lumière l'expérience spécifique des femmes face aux violences domestiques, au viol, aux interactions sexuelles non consenties, ou consenties dans des circonstances où les rapports de domination qui lient les protagonistes interrogent la notion même de consentement.

Ces résistances contemporaines au paradigme du genre venant des mouvements féministes s'attaquent principalement à l'aspect hiérarchique du paradigme. C'est-à-dire qu'elles combattent les violences physiques et psychiques, les marginalisations économiques et politiques et les vulnérabilités qui accompagnent la division du monde en deux groupes distincts.

Or, le paradigme du genre se manifeste aussi dans des phénomènes qui ne sont pas explicitement hiérarchiques, dans la division sexuée des imaginaires culturels, des rôles sociaux, des valeurs et des goûts et dans les lieux et les objets qui organisent la vie quotidienne – espaces sanitaires, vêtements, jouets, papiers d'identité, etc. En dépit d'un engagement de façade en faveur des valeurs de mixité et d'égalité, la différence sexuelle structure toujours de nombreux espaces et institutions sociales sans que ces ségrégations ou catégorisations soient estimées explicitement discriminatoires, en tout cas pour les femmes. Le paradigme du genre, c'est donc à la fois la prégnance des inégalités et des hiérarchies fondées sur le genre, et la prégnance de la binarité et de la différence de genre dans la vie sociale.

Pour nombre de féministes, militantes et penseuses, il y a bien un lien direct entre la différence sexuelle ou la binarité et les hiérarchies de genre. C'est parce que les femmes sont marquées du sceau de la différence qu'elles sont réduites en esclavage, exploitées et oppressées. C'est parce qu'elles diffèrent des hommes qu'elles ne peuvent accéder au statut de sujet universel ou être considérées comme également libres, également dignes de droits et de considération.

Pour la sociologue Christine Delphy, « la division se construit en même temps que la hiérarchie et non pas avant. C'est dans le même temps, par le même mouvement, qu'une distinction ou division sociale est créée, et qu'elle est créée hiérarchique, opposant des supérieurs et des inférieurs »[1]. Dans la perspective du féminisme matérialiste défendue notamment par Delphy, les identités de genre ne sont que le produit de rapports de pouvoir, les groupes sociaux n'existent que par les relations de domination qui les lient[2]. La différence des

1. Christine Delphy, « Les Uns derrière les Autres », *Classer, dominer: qui sont les "autres"?*, La Fabrique Éditions, 2008, p. 7.

2. Voir aussi Colette Guillaumin, *Sexe, race et pratique du pouvoir: l'idée de nature*, Côté Femmes, 1991 ; Monique Wittig, *La Pensée straight*, Amsterdam, 2018 ; Nicole-Claude Mathieu, *L'Anatomie politique: catégorisations et*

femmes par rapport aux hommes assoit la domination, la justifie, la légitime. Elle fonctionne, si l'on veut, comme une idéologie.

Delphy s'interroge ainsi sur la possibilité que ces catégories puissent demeurer tout en cessant « d'être hiérarchiques, sans que la survalorisation des Uns et le stigmate des Autres ne demeurent », alors qu'elle constate que « chaque trait possible et imaginable est précédé, même si c'est fait d'une main légère, d'un signe plus ou d'un signe moins »[1].

Mais pour la plupart des féministes matérialistes, il s'agit surtout de lutter pour l'égalité, en tant que femmes, à partir de cette position assignée et du groupe constitué par la relation de domination. Et cela avec la conviction plus ou moins explicite que, puisque la hiérarchie vient, comme le dit Delphy « un quart de seconde avant »[2] la catégorisation, la différence s'abolira quand s'abolira la hiérarchie, en perdant de son utilité idéologique. Quant à la binarité, il faut

---

idéologies du sexe, Côté-femmes, 1991. Ces penseuses proposent des analyses diverses de l'oppression des femmes, mais elles ont en commun de considérer la différence des sexes comme le produit idéologique des relations de domination matérielles.

1. Christine Delphy, *op. cit.*, p. 43.

2. *Ibid.*, p. 22.

se contenter de la dénoncer comme une supercherie, de mettre au jour la différence à laquelle sont assignées les femmes et qui justifie leur infériorité, de dénaturaliser la catégorie de sexe en insistant sur sa dimension intrinsèquement politique. De dénoncer, aussi, la mainmise du masculin sur le général et l'universel.

Le neutre nous propose justement de ne pas attendre le grand soir, de ne pas espérer que la différence perde d'elle-même son importance. Il suggère plutôt d'intégrer à nos stratégies la possibilité d'agir ici et maintenant pour neutriser le genre. De tenir ensemble deux mouvements apparemment contradictoires : dénoncer les hiérarchies, mettre en lumière les violences et les inégalités, mais aussi s'employer à saper la légitimité, l'importance et la signification de la binarité dans les champs sociaux qui l'organisent encore structurellement.

Si on ne s'attelle pas à miner aussi le binarisme, en cherchant où cette différence se recompose, aux creux les plus discrets, les plus intimes de la vie sociale et en tentant de faire différemment, nous risquons de rester coincé·es dans un combat nous renvoyant sans cesse en boomerang notre catégorie de sexe. Dans ces conditions, celle-ci ne peut que nous coller à la peau et avec elle, qu'on le veuille ou non, toutes les assignations, obligations, exigences de conformité qui l'accompagnent. En d'autres termes, la hiérarchie ne s'abolira pas sans un effort actif pour altérer aussi la différence.

Subvertir ou altérer la différence sexuelle ?

Parallèlement au renouveau des luttes féministes que je viens d'évoquer – et non sans conflit avec ces dernières –, la visibilité accrue des personnes trans et intersexes dans l'espace public, politique et médiatique a récemment troublé la rigidité des frontières binaires du genre et a éclairé leur caractère construit et contingent. Sur le plan politique, ces évolutions sociétales interrogent l'incapacité de la plupart de nos institutions à accueillir des corps et des subjectivités qui dérogent aux normes de genre. Or, si les demandes et tentatives d'adaptation des institutions et de l'appareil juridique se sont multipliées ces dernières années, elles ont, dans la grande majorité des cas, consisté à pluraliser les catégories d'assignation. Elles ont ajouté du (des) genre(s) plutôt que cherché à réduire son influence comme grille de lecture et norme de régulation pertinente pour la vie sociale et politique.

En fait, la perspective du neutre pose cette question cruciale : a-t-on toujours besoin de plus de genre ? Ne peut-on pas, tout en essayant de mobiliser contre les effets visibles, explicites du paradigme, aussi lutter pour que le genre se fasse moins présent dans nos vies, pour que ses normes enveloppent un peu moins nos corps, nos subjectivités et les relations qui nous lient les un·es aux autres ? Pour que cette enveloppe défaite de ses manières contraignantes prenne plutôt la forme d'une fenêtre ouverte sur les variations, les complexités et les combinaisons offertes par les gammes du féminin, du masculin et de leurs avatars ? Une fenêtre ouverte pour faciliter l'envol des oiseaux qu'ils aient une, deux ou trois pattes...

En cela, le neutre entretient un rapport un peu particulier avec ce que l'on appelle le queer, les modes de vie, les théories et les politiques queer[1]. Le mot queer a d'abord constitué pour celleux qui s'en sont revendiqué·es la réappropriation d'une insulte liée dans le monde anglophone à des sexualités et des expériences de genre marginalisées. Ensuite, le terme a désigné

---

1. Pour un aperçu complet de l'émergence et de la réception des théories et des mouvements queer en France, ainsi que de l'articulation entre théories et pratiques, voir l'ouvrage de Bruno Perreau, *Qui a peur de la théorie queer ?*, Presses de Sciences Po, 2018.

plus largement une manière d'aborder politiquement et théoriquement ces expériences et ces modes de vie en proposant de les penser comme des manières de troubler ou de subvertir le paradigme du genre sans nécessairement reconstruire une identité commune.

Les théories et les mouvements queer ont critiqué par exemple la constitution d'une politique fondée sur l'expérience homosexuelle comme identité sociale spécifique à reconnaître et valoriser. Ce que les théories queer suggèrent plutôt de regarder, c'est d'abord la construction du binarisme homo/hétéro et la façon dont il repose largement sur le binarisme masculin/féminin et sur des pratiques sociales et des normes culturelles qui s'emploient à les conserver. Pour Eve Kosofsky Sedgwick, l'une des penseuses à l'origine des théories queer, le mot queer se réfère ainsi à « la matrice ouverte des possibilités, les écarts, les imbrications, les dissonances, les résonnances, les défaillances ou les excès de sens quand les éléments constitutifs du genre et de la sexualité de quelqu'un ne sont pas contraints (ou ne peuvent l'être) à des significations monolithiques »[1]. La caractéristique des mouvements

1. Eve Kosofsky Sedgwick, « Construire des significations queer » *Les Études gay et lesbiennes*, sous la direction de

et des théories queer est donc de s'attaquer à ces significations monolithiques à partir de formes individuelles et collectives de subversion des normes qui dérangent les oppositions binaires que l'on tient généralement pour fondamentales et ce même dans un grand nombre de mouvements féministes et LGBTQ*.

Néanmoins, le mot queer, s'il peut se comprendre comme une critique de l'opposition qui veut tenir chaque corps et chaque être à sa place, est généralement employé comme un geste affirmatif, comme une critique qui prend source dans des modes de vie et des corps qui, justement, ne peuvent pas tenir leur place. Les politiques queer s'ancrent donc avant tout dans des manières d'être dérangeantes, dans des modes de paroles, modes de gestuelles, modes de relations qui donnent à voir la possibilité et la réalité d'êtres qui troublent les termes du paradigme. C'est une première façon de dénaturaliser le paradigme, de dévoiler son aspect contextuel et contingent.

Les théories et politiques queer proposent des stratégies discursives, linguistiques et corporelles de subversion, mais elles s'intéressent

---

Dider Eribon, Centre national d'art et de culture Georges Pompidou, 1998, p. 115.

principalement aux corps et aux subjectivités que les normes empêchent, et à ce qu'il leur est possible de faire de cet empêchement. Le neutre, encore une fois, déplace le regard vers les instances qui donnent force et légitimité au paradigme en l'imposant à tou·tes.

Le neutre permet au queer d'exister au même titre que le reste et donc quelque part le « déqueerise ». Le neutre propose de ne plus penser le queer comme une exception marginalisante, sans pour autant le normaliser en tant que tel, sans en faire un autre genre, ou une autre sexualité. Sans en faire une catégorie, mais en s'attaquant au système qui produit son exclusion, sa marginalisation, sa pathologisation, qui lui confère finalement son caractère queer, c'est-à-dire ici, bizarre, étrange, dérangeant.

La question n'est pas de savoir si la subversion systématique des normes est une bonne ou une mauvaise option – la plupart du temps elle n'est d'ailleurs pas pour celleux qui en font l'expérience une *option* –, ou si le combat dans les termes du paradigme est toujours voué à l'échec, mais plutôt d'examiner ce que le neutre nous offre en plus, à un autre niveau. À certains endroits, à certains moments de la reproduction des normes, il vaut mieux peut-être les suspendre que les subvertir, les altérer que s'y engouffrer.

Ce serait le cas par exemple quand les forces qui reproduisent le paradigme s'imposent comme une exigence faite au corps et à la subjectivité d'autrui, mais aussi quand ces forces-là sont, en raison des collectifs et des lieux qui les déploient, particulièrement contraignantes : l'espace public, le droit, l'État, les institutions, l'école.

La théorie et les mouvements queer ont ouvert une faille dans la naturalité et la légitimité des binarismes qui touchent au genre en montrant leur dimension radicalement construite. Le neutre tire de cette faille des conclusions, non plus seulement pour les marges et les formes de vie minoritaires, mais aussi pour les majorités, les termes traditionnels du paradigme, leur hiérarchisation, et toutes les occurrences du paradigme qui s'imposent dans la vie sociale.

Les toilettes publiques ou le paradigme rejoué

Cette réflexion sur le neutre et sur les binarismes structurants dont la pratique suspend les réitérations aide ainsi à repérer le paradigme du genre et ses reconductions répétées dans la vie sociale. Elle invite la discussion féministe à porter attention aux occurrences concrètes et matérielles de la norme dans les recoins les plus anecdotiques de nos vies, occurrences qui ne sont pas seulement des hiérarchies ou des exclusions, mais qui participent aussi à la construction de nos imaginaires.

Nos manières de voir le monde, de sentir et ressentir, de lire une image, un texte, de percevoir des objets ou des lieux sont quasiment toujours ordonnées selon une forme ou une autre de la bipolarité féminin/masculin. Ces manières-là sont induites par des mécanismes de différenciation sociale que l'on pense inoffensifs, voire nécessaires, qui se présentent comme naturels ou procédant d'une logique purement utilitaire. Ces mécanismes séparent les corps sur la base d'une différence biologique, ils nous disent : ce corps est différent de celui-là, mais semblable à celui-ci, qu'il prenne donc sa place ici avec ceux qui lui ressemblent.

De fait, le genre est partout, on ne cesse de le répéter, et si on refuse de l'entendre il suffit de se pencher quelques secondes sur le cours de nos existences : les publicités sur les murs de la ville, les formulaires administratifs divers, les vignettes sur les portes de toilettes publiques, les regards que l'on reçoit et le langage avec lequel les autres s'adressent à nous, les sanctions auxquelles on s'expose si nous dérogeons aux normes de genre… Autant d'éléments de l'existence quotidienne qui, toujours croisés avec d'autres coordonnées sociales (la race, la classe, la culture), nous incitent à choisir notre camp. Où que j'aille dans le monde social, je suis rappelée à l'ordre du genre. Je suis interpellée en tant que membre du groupe femme, décrite, désignée, reconnue, construite comme femme.

En nous rappelant à notre genre, ces assignations fonctionnent comme signe de l'importance de la division genrée dans le monde social. Notre identité de genre, qu'elle soit assumée ou supposée, est un fait certainement crucial puisqu'elle conditionne jusqu'aux pièces dans lesquelles nous pouvons nous rendre, les cases que nous devons cocher, les vêtements que nous pouvons porter, les mots que nous sommes en mesure d'utiliser, les émotions qu'il nous est possible d'exprimer, mais aussi les ressources sociales auxquelles nous pouvons concrètement prétendre.

L'assignation est une injonction. Une injonction à se positionner dans la différence sexuelle, à prendre et garder sa place dans l'ordre du genre. En ce sens, elle n'est pas seulement une demande de déclaration, de description ou de confirmation. Elle n'exige pas seulement que nous déclinions notre identité, elle est aussi une reconstruction et une réinstauration de cette identité. Ce mécanisme d'assignation est très bien résumé par la théoricienne queer Teresa de Lauretis quand elle note que lorsque nous cochons la lettre F (ou M) sur un formulaire administratif, c'est peut-être surtout ce « F qui [impose] sa marque sur nous » [1].

Que se passe-t-il quand, cherchant des toilettes publiques dans une administration, une école ou un café, j'aperçois le signe universel des toilettes, les deux petites silhouettes côte à côte, le bonhomme aux deux jambes et celui au triangle ? Cette vignette me rappelle, d'abord, que le monde social est bien composé de deux types de corps dont la différence organise des groupes distincts d'individus et sépare ceux qui peuplent cet espace social, quel qu'il soit, en deux catégories d'usager·es. De fait, dans l'espace social mixte, public ou semi-public, les lieux qui ont trait au corps sont irrémédiablement liés à une référence, à une différence de genre.

Lorsque nous trouvons et pénétrons dans les toilettes publiques qui doivent nous correspondre, nous sommes catégorisé·es, ordonné·es

1. *Théorie queer et cultures populaires : de Foucault à Cronenberg*, La Dispute, 2007, p. 62. Teresa de Lauretis a repris et détourné comme d'autres théoriciennes queer la réflexion sur l'interpellation développée par Louis Althusser pour en proposer une analyse dans une perspective de genre.

en fonction de nos similarités et différences supposées avec d'autres corps et d'autres individus. Les silhouettes et les espaces séparés qu'elles organisent rejouent sans cesse le paradigme. La ségrégation genrée fonctionne en particulier sur deux modes. D'un côté, elle renforce le poids du genre dans notre façon de lire et de comprendre les phénomènes, les corps et les évènements qui se présentent à nous. De l'autre, elle nous incite à vivre notre corps et notre subjectivité comme fondamentalement genrés. Elle nous montre le chemin, nous interpelle alors que, peut-être, ce jour-là, et même tous les autres jours, nous ne souhaitions pas tellement nous reconnaître dans l'une de ces deux petites silhouettes.

Il ne s'agit pas ici seulement d'un problème de discrimination, d'exploitation ou de domination ou en tout cas, pas seulement. Bien sûr, la ségrégation binaire de ces lieux publics exclut celleux dont l'expression de genre transgresse la rigidité du paradigme, celleux dont la façon de vivre le genre ne leur permet pas de choisir entre deux silhouettes ou de se sentir à l'aise ou en sécurité avec ce choix, celleux que la ségrégation expose au regard dévisageant des autres, aux insultes ou aux violences.

Ces exclusions peuvent cependant être partiellement résolues en autorisant les personnes à utiliser les toilettes genrées de leur choix ou en introduisant, à côté des traditionnelles toilettes ségréguées, des toilettes «pour tous les genres». Ces dernières affichent alors souvent une vignette qui ajoute aux deux silhouettes existantes, une troisième vêtue d'une ligne droite et d'un demi-triangle, une jambe dans un pantalon, et une autre dans une robe. Notons que, même quand il y a des toilettes «pour tous les genres» dites aussi parfois toilettes neutres, les silhouettes demeurent: le paradigme a été légèrement déplacé, mais il subsiste malgré tout. Ces vignettes continuent de donner du poids à une différence de genre – de sexe, de corps – non interrogée, à la logique implacable d'une correspondance naturelle entre des infrastructures sanitaires et une différence ou des différences de genre.

Au-delà de la question de leur accès, la ségrégation de tels espaces publics constitue une confirmation toujours renouvelée de la vérité selon laquelle les différences de genre jouent un rôle structurant dans la réalité sociale, une confirmation, mais aussi une reconstruction, une recréation de cette vérité. À l'image des institutions décrites par le sociologue Luc Boltanski, les espaces publics ségrégués énoncent «ce qu'il en est de ce qu'il est» à propos du genre[1]. Ils participent avec d'autres types d'institutions à la construction de la réalité sociale, séparent le possible de l'impossible et produisent « un effet de constitution d'une vérité officielle, et aussi de ce que l'on met habituellement sous l'appellation de "sens commun." »[2]

Les ségrégations genrées rappellent l'incontestable vérité : les différences physiologiques entre les corps sont assez cruciales pour structurer une partie des espaces publics et semi-publics. Et plus généralement, elles sont assez importantes pour organiser la vie sociale, non seulement des corps construits comme différents, mais aussi la division du travail, les systèmes de valeurs et même les gammes de couleurs. En cela, « loin de se borner à confirmer une valeur », ici celle de la différence de genre, les espaces genrés « contribuent largement à la créer »[3].

Ces mises en scène de la différence constituent ainsi ce que la philosophe Judith Butler a appelé des « régulations de genre » et participent à reconstituer l'idéalité de la norme de genre, du genre comme norme, comme « grille de lisibilité » du monde social. Au moment de ces régulations

1. Luc Boltansky, *De la critique : Précis de sociologie de l'émancipation*, Gallimard, 2009, p. 149.

2. *Ibid.*

3. *Ibid.*, p. 123.

de genre, quand des corps passent la porte affichant la silhouette triangulaire, « l'historicité » et « la vulnérabilité » du paradigme du genre sont « mises temporairement à l'écart »[1]. C'est comme cela, ça a toujours été comme cela. Il n'y a pas de doute, pas d'individu qui ferait exception à la règle. En même temps, il y a un effet de rappel, de reconduction et d'insistance. Cela compte. En classant des corps et des individus selon deux groupes généraux, cette « logique des marquages et des démarcations » propre aux institutions « exerce [...] un puissant effet multiplicateur en transformant de petits écarts en différences d'autant plus considérables qu'elles se trouvent attachées une fois pour toutes aux personnes »[2].

Or, ce type d'arrangements collectifs, en reconduisant le paradigme du genre, encadrent nos capacités à nous projeter dans tel ou tel rôle social, à mettre en pratique telle ou telle valeur, comportement ou rapport au monde. Le paradigme spatialisé définit aussi la toile de fond de nos réflexes cognitifs qui assignent les autres à ces mêmes places, rôles, valeurs et attentes sociales. Assignations qui ne prennent véritablement leur sens que quand on les replace au sein

1. Judith Butler, *op. cit.*, p. 80.
2. Luc Boltanski, *op. cit.*, p. 123.

de contextes sociaux particuliers, d'institutions qui ré-édictent sans cesse ces normes et leur donnent un caractère intemporel et légitime.

Les assignations ordinaires et les violences qui les accompagnent ont d'autant plus de poids qu'elles ont lieu dans un espace saturé de normes. Une personne dont l'expression de genre déroge aux normes de la binarité (quel que soit le genre auquel cette personne s'identifie) sera ainsi plus sujette aux regards insistants ou suspicieux des autres, à leurs remarques ou aux agressions verbales et physiques si elle les rencontre dans des espaces organisés par la différence sexuelle qui rendent son existence socialement impossible.

Ces séparations matérialisées dans l'espace, ces mises en demeure plus ou moins formelles de se situer dans l'ordre symbolique du genre renforcent donc la croyance consciente ou inconsciente que ces différences existent, qu'elles sont naturelles, qu'elles ont une valeur certaine et définie. Mais elles ne reproduisent pas seulement la séparation du monde en deux groupes distincts. Elles ne recréent pas uniquement la frontière du genre, le genre comme système de partition des individus et des corps, comme le ferait par exemple la déclaration d'état civil, la présence de lettres F/H sur les documents d'identité ou dans les formulaires administratifs[1]. La ségrégation des espaces publics sanitaires donne aussi une épaisseur normative à cette différence. La mise en scène de la différence ne la met pas seulement en évidence, elle nous en dit toujours quelque chose, elle émet un jugement sur ce qui peut être ou ne pas être.

Elle nous rappelle par exemple que cette différence est telle que les corps genrés ont besoin de lieux distincts pour la prise en charge de leurs besoins respectifs, qu'il faut aux femmes un lieu où elles peuvent se recoiffer, se remaquiller loin du regard des hommes, de ceux pour qui elles se refont une beauté – effaçant ainsi la possibilité qu'elles puissent se refaire une beauté pour une autre femme, ou pour personne en particulier, voire qu'elles n'y pensent même pas. Elle nous dit que les hommes, eux, n'ont pas besoin de tant d'intimité, qu'ils peuvent soulager leurs besoins

---

1. Encore que, comme le notent Cornelia Moser et Marion Tillous à propos du marqueur de sexe dans les identifiants de sécurité sociale, « En France, le premier chiffre de ce numéro indique le sexe de la personne : 1 pour les hommes, 2 pour les femmes. Le choix de cette hiérarchie ne repose pas sur l'ordre alphabétique (F vient avant H) ; de quel ordre dépend-t-il donc ? », *Avec, sans ou contre : critiques queers/féministes de l'État*, iXe, 2020, p. 27.

physiologiques à la vue de tous les autres, grâce au dispositif de l'urinoir rejouant les règles de la comparaison virile.

Cette séparation souligne aussi qu'il en va de la sécurité des femmes, que ces dernières ont besoin d'être protégées des désirs des hommes, de leurs pulsions. Les pulsions des hommes étant bien sûr toujours dirigées contre les femmes et jamais contre d'autres hommes dont il est impossible qu'on envisage qu'ils puissent être eux aussi violentés, agressés, attouchés. Les toilettes sexuées indiquent finalement, quand la table à langer se trouve derrière la porte de la vignette au triangle, que le soin des enfants est une affaire de genre, une affaire de femme. Les vignettes rappellent aussi les attentes vestimentaires en vigueur et indiquent aux hommes que les jupes et les robes représentées par le triangle leur sont interdites.

Ce qui apparaît à première vue comme une simple partition sociale des corps, un anecdotique rappel de la différence, reconduit également un imaginaire fondé sur une opposition et une complémentarité naturelle entre le groupe et les corps des hommes, et le groupe et les corps des femmes.

Neutriser le genre

Voyons maintenant ce qu'il se passe si l'on suspend le paradigme du genre dans ces espaces publics sanitaires, quand par exemple des étudiant·es, des activistes dégenrent les toilettes avec des marqueurs et de la bande adhésive, brouillent les vignettes et les petites silhouettes, les effacent. N'est-ce pas là un acte collectif de suspension du paradigme ou de sa reproduction ? N'est-ce pas quelque part une façon de suggérer : et si cela, au fond, n'avait pas d'importance ?

Cette action est une stratégie active pour troubler cette assignation physiologique. Et ce faisant, c'est l'imaginaire, la réalité sociale institutionnellement construite qui est altérée. Elle est altérée parce que son caractère arbitraire est révélé. La vérité du genre comme partition du monde social et d'abord des espaces publics peut finalement être interrogée. Cela ouvre des potentialités nouvelles pour des agencements différents, mais encore indéterminés.

Peut-être faudra-t-il une différenciation entre les espaces avec urinoirs et sans urinoir, une conception différente des infrastructures qui autorise plus d'intimité – des robinets et des miroirs communs, mais des cabines mieux fermées –, une réflexion sur la meilleure façon d'assurer l'intimité et la sûreté physique des usager·es sans que cela reproduise une forme de vérité arrêtée sur le genre et donc, en même temps, restreigne l'intimité et la sécurité à certains types de corps et nient l'existence et la réalité de tous les autres.

Il y a en fait deux figures de cette suspension.

Durant la première, l'action de résistance est visible. Des personnes armées de markers ont dégenré les toilettes. L'usager·e qui passait par là note alors que quelque chose est arrivé, il y a eu un acte militant, délibéré. Iel peut se dire, qu'est-ce que c'est que cela ? Qui vient déranger/dégenrer ma routine physiologique et surtout dans quel espace dois-je me rendre ? L'acte peut intriguer, mettre mal à l'aise ou libérer, notamment celleux pour qui le genre est plus compliqué que la binarité reconstruite par ces ségrégations spatiales. Dans la plupart des cas, il y aura probablement un effet, une certaine puissance de cette intervention qui dérange la reproduction des cadres de la réalité sociale.

Dans la seconde, la suspension du paradigme a été institutionnalisée, elle devient presque invisible, on n'y pense plus, elle fait seulement partie du paysage. Alors l'effet est un peu différent. Il ne s'agit plus de mettre en avant l'arbitraire ou les limites d'un certain paradigme, mais simplement de suspendre le poids de ce paradigme dans une situation sociale donnée. L'espace en question, celui dans lequel se trouvent les toilettes réellement neutres, n'est plus un rappel à l'ordre du genre, mais simplement un endroit pour soulager des besoins physiologiques, pour se recoiffer, pleurer en paix, retrouver un peu d'intimité, discuter ou se rencontrer.

Cette suspension institutionnalisée du paradigme est aussi une altération, peut-être plus encore que dans le cas d'une intervention visible qui vient troubler la reproduction de la réalité sociale. Au moment de cette première intervention, la question se pose encore, le paradigme du genre est encore présent bien que remis en cause. Les espaces publics dont le paradigme est au moins spatialement, architecturalement absent opèrent différemment. Leur principe actif consiste à alléger les cadres de reproduction de la norme sans vraiment le dire, discrètement, laissant doucement (le retour de la douceur) la place à ce qui est empêché quand le paradigme agit.

Est-ce que cela veut dire que le genre s'estompe instantanément de ces espaces? Pas vraiment. Il continue de se reproduire *via* les performances corporelles des usager·es, *via* aussi, sans doute, les micro-interactions entre elleux. Néanmoins ces espaces neutrisés qui jouaient auparavant une fonction puissante de confirmation du paradigme du genre laissent un peu plus de place à la complexité du monde. Ils ne la forcent ou ne la ré-édictent pas comme une vérité seulement réformée, comme le font les vignettes qui ajoutent aux existantes une troisième silhouette, mi-robe, mi-pantalon. Ils laissent ouvert, indéterminé, le champ des possibles concernant les expressions, les expériences et les identités de genre.

Parce qu'ils ne sont plus structurés par le genre, ces espaces contribuent à rendre imaginables et possibles des lieux publics dans lesquels les différences de genre ne sont plus si cruciales, où elles déterminent un peu moins l'orientation des corps, ce qu'il faut porter, comment il faut agir et quelles fonctions on peut ou non y occuper.

Penser le genre avec le neutre suggère donc de s'intéresser non seulement aux hiérarchies mises en place ou protégées par des institutions soi-disant impartiales, mais également aux assignations arbitraires. Ces catégorisations ont l'air justes ou égalitaires mais reproduisent la frontière de genre et ses normes, que ce soit dans une binarité rigide ou selon une classification à peine amollie par l'introduction d'une case supplémentaire. La taxonomie accompagne les pratiques de la domination et les justifie.

Plusieurs stratégies sont possibles pour déstabiliser le paradigme tant que l'on cible les normes et leur reconduction plutôt que les personnes et les groupes. Il importe d'en finir d'abord avec le mythe du masculin et du féminin (qui est systématiquement projeté dans ou sur les corps, valeurs, comportements, existences, identités), avec leur opposition stricte et leur complémentarité forcée.

L'opposition stricte établit l'impossibilité d'emprunter les attributs d'un des termes, si nous en avons déjà certains associés à l'autre. On est forcément ceci ou cela. Rappelons que tout ce qui est en dehors du paradigme est invivable ou impensable. Le neutre s'attaque donc aux marques institutionnelles et administratives d'une différence biologique dont la réalité et l'importance sont constamment construites de façon artificielle.

La complémentarité forcée ajoute à cette opposition, la nécessité pour toute personne identifiée femme d'aimer, de désirer et de fonder une famille avec une personne identifiée homme et *vice versa*. Cela suppose aussi que les personnes impliquées dans ces échanges affectifs, sexuels et conjugaux restent bien à leur place autant en ce qui concerne leur propre vécu du genre, conformément au principe d'opposition stricte, que dans leur rapport à l'autre. Neutriser le genre amène à dissoudre la complémentarité forcée et donc à désétablir l'hétérosexualité obligatoire, ses présupposés, les représentations culturelles et les régulations légales qui la soutiennent.

Pour attaquer le paradigme du genre sur ces deux aspects, différentes tactiques sont possibles. Certaines font déjà l'objet d'actions et de revendications féministes, d'autres y sont encore modestement présentes.

Il s'agirait notamment de déségréguer quelques-uns des espaces toujours genrés dans nos sociétés. Ces lieux sont d'autant plus surprenants que ces mêmes sociétés érigent la mixité en principe sacré et l'utilisent comme une arme d'exclusion raciste en dénonçant les non-mixités uniquement lorsqu'elles sont le fait de minorités culturelles ou religieuses. De même, neutriser le genre impliquerait de supprimer la mention du sexe sur les papiers d'identité et de décorréler les droits sociaux liés à la parentalité de l'identité de genre. Cela supposerait également de travailler à des représentations, des imaginaires collectifs, des productions culturelles et des manières de construire des relations qui ne redessinent pas sans cesse les cartes normatives du genre en s'assurant que chaque chose, corps, phénomène y tient convenablement l'unique rôle que le paradigme lui attribue.

Peut-on par exemple imaginer des jouets ou des vêtements qui ne s'imposent plus à nous d'emblée comme des choses genrés ? Inventer des façons d'allonger la liste des aspects de nos vies qui ne sont plus régis par une opposition fondamentale, celle de la différence sexuelle ?

Notons néanmoins que le neutre et son intérêt potentiel pour atténuer le poids du genre n'ont pas vocation à s'imposer par la force légale à des collectivités et des communautés. Ces réflexions sur le neutre ne sauraient servir de prétexte, ni pour interdire certains lieux non mixtes surtout quand ces derniers ne sont pas des lieux de service public ni pour bannir définitivement certaines plages horaires non mixtes, par exemple dans les piscines municipales. Le neutre et sa douceur sont des invitations, des propositions pour une discussion collective. Ils ne peuvent pas prendre la forme d'interdictions.

Toutefois, le paradigme du genre ne perdra véritablement de son importance que si l'on peut repérer et neutriser également les règles générales silencieusement raccordées à l'expérience masculine du monde. Et on comprendra par là les normes, les corps et les modes de vie généralement attribués aux hommes qui sont érigés en principes neutres et universels.

Il y a des vouloir-saisir directs, qui font appel aux catégories sans détour, qui rangent et classent les corps à l'aide de petites silhouettes, de cases bien définies. Ces assignations-là (les toilettes, les formulaires, l'état civil, les vêtements, etc.) sont explicitement genrées.

Mais il y a aussi toutes les autres, les assignations qu'il faut déceler, les reproductions du paradigme qui se font subrepticement, presque sur un malentendu, comme des effets collatéraux, des ruses de la norme pour faire avaler la pilule de sa violence. Parfois, l'institution n'a pas catégorisé, il n'y a pas eu de régulation explicite, les ségrégations semblent être le fruit du choix libre des individus. Elles sont pourtant bien le résultat d'assignations sociales, collectives, mais plus implicites.

Dans les cours de récréation, les espaces de loisirs urbains, il n'y a pas des petites vignettes au sol indiquant des espaces réservés en fonction du genre. Il y a des individus qui se regroupent, par choix et par affinité, il y a ceux qui font du sport, et celles qui se disent des secrets. Les uns ont besoin de place, d'un terrain de jeu, d'espace pour courir, d'équipements sportifs, les autres seulement de quelques bancs, d'un bout d'herbe, d'un coin de cour.

Pas de cercle bleu ni de cercle rose et pourtant le paradigme du genre est reproduit, la frontière est là, elle est visible. Ce n'est pas l'institution qui semble l'avoir produite, ce ne sont pas les architectes de cette école ni les équipes pédagogiques. Personne n'a dit : « mettez-vous là, espace réservé ». Mais l'organisation de cet espace est en fait saturée de norme, de la norme de genre, de celle qui fabrique le monde public comme un monde masculin, produit par et pour les hommes. La place disproportionnée donnée aux équipements pour les jeux, les activités appartenant à l'imaginaire masculin (terrain de foot ou de basket, *skatepark*, etc.), reproduit la prééminence de ce dernier et la division persistante entre deux types d'imaginaire, leur incompatibilité[1].

---

1. Voir les travaux de géographie sur le genre dans l'espace public, par exemple Édith Maruéjouls-Benoît, *Mixité, égalité et genre dans les espaces du loisir des jeunes : pertinence d'un paradigme féministe*, thèse de doctorat en géographie, université Michel de Montaigne - Bordeaux III, 2014, ou Maud Navarre et Georges Ubbiali, *Le Genre dans l'espace public, quelle place pour les femmes ?*, L'Harmattan, 2018.

Le neutre exige bien d'altérer aussi le paradigme quand il se reproduit sous forme d'androcentrisme, c'est-à-dire en conférant un aspect central et supérieur à toutes les valeurs, les expériences et les corps associés au masculin. Mais il exige de le faire sans valoriser le féminin à tout prix et sans remplacer l'androcentrisme par la coexistence de deux sphères étanches[1].

L'atténuation du paradigme dans des lieux et des arrangements où il était encore incontournable n'annonce ni sa disparition de la vie sociale ni celle de la vie intime qui est simplement une autre échelle de la première. Mais suspendre sciemment et de façon critique une occurrence de la norme dans un espace ou une situation donnée atténue l'importance de la différence sexuelle en général. Est-ce que cette neutrisation réduit le poids du genre partout tout le temps ? Non. Est-ce qu'elle hybride ou redéfinit le genre ? Non plus, mais elle peut y participer.

Cette réduction agit ici encore par une altération, autrement dit par l'ouverture d'une

1. Pour des exemples concrets de projets d'aménagements scolaires et urbains qui travaillent à réduire le poids explicite et implicite du genre dans l'espace, voir les travaux et réalisations d'Edith Maruéjouls et de son bureau d'étude l'ARObE : www.larobe.org/

possibilité. La puissance de celles qu'on nomme des femmes qui n'a pas été orientée en pouvoir de la tendresse et de la maternité, du soin et de la sensualité parce qu'on les a nommées femmes. La puissance de ceux qu'on nomme des hommes qui n'a pas été fixée en pouvoir de la force, de l'affirmation, de la rationalité parce qu'on les a nommés hommes.

La proposition du neutre n'est donc pas une proposition pour un monde sans genre ou, en tout cas, pas pour un monde sans genre tel que nous le concevons généralement. Ce n'est pas « l'homme privé de genre »[1] ou la neutralisation complète des traits féminins ou masculins. Ce n'est pas non plus une invitation pressante à mixer les genres, à faire preuve simultanément d'ambition, de créativité et de douceur, à pleurer si vous ne pouvez que vous murer dans le silence ou la colère, à arborer ensemble barbe et rouge à lèvres, à désirer tout type de corps. Pas d'injonction à l'abolition totale des différences de genre, pas d'injonction du tout d'ailleurs. Enfin, pas exactement.

Au contraire, le neutre altère les oppositions de genre, la rigide frontière entre les deux,

1. Maurice Blanchot, *L'Écriture du désastre*, Gallimard, 1980, p. 53.

l'empressement à choisir, à situer. Il n'est un manifeste ni pour une androgynéité collective, totale, autoritaire, ni pour un masculin généralisé. Je n'appelle ici de mes vœux ni le réchauffé d'un humanisme égalitariste aveugle et androcentrique ni l'exportation généralisée d'une identité non-binaire ou fluide.

J'invite plutôt à se demander quelles stratégies et quelles transformations peuvent transformer l'état actuel des différences bien ordonnées par le paradigme genré et sexuel en un monde de pluralité désordonnée où les mixités, les fluidités sont possibles, vivables et acceptables, sans avoir force de loi. Je ne suggère pas d'effacer le genre, mais d'enrayer les mécanismes qui obligent le genre à être seulement ceci ou seulement cela et qui l'instituent comme charpente indétrônable de nos vies en commun.

Penser la place du neutre dans les politiques féministes permet de jeter un regard nouveau sur l'appel foucaldien à « n'être pas tellement gouverné »[1]. Foucault caractérise ainsi le geste critique de la philosophie moderne qui a cherché selon lui à échapper, du moins en partie, aux différentes formes de gouvernementalisation

1. Michel Foucault, « Qu'est-ce que les Lumières ? », *Dits et écrits : 1954-1988*, Gallimard, 1994.

avec « pour fonction le désassujettissement dans le jeu de [...] la politique de la vérité. » Dans le cadre d'une politique féministe, on pense aux vérités sexuées, à la naturalisation et à la normalisation des corps genrés qui dessinent la toile de fond des hiérarchies et des violences de genre. Le neutre composerait ainsi une des voies à emprunter pour « n'être pas tellement sexué·e ».

Alliances

La tactique du neutre ne consiste donc pas à ignorer ou détourner son regard du paradigme du genre – et donc des relations de pouvoir qu'il organise. Neutriser le genre n'est pas une manière de fermer les yeux face aux hiérarchies structurées par la différence sexuelle.

Il y a toujours une tension au cœur des mouvements féministes entre l'affirmation d'une égalité, la volonté de ne pas être distinguée comme classe spécifique de sujet, comme citoyen·ne de seconde zone, comme individu de moindre importance, et la nécessité pour affirmer cette égalité de mettre en lumière l'expérience spécifique du groupe des femmes, de déterminer des fondements pour une mobilisation commune à partir d'une identité ou d'une expérience partagée. Cela représente forcément un risque, celui de sédimenter les distinctions entre les groupes et les identités et de reproduire des exclusions à partir des différences qui traversent le groupe des femmes[1].

Le neutre tel que je l'ai exposé jusqu'ici ménage une sortie, un détour de ces problématiques qui reviennent sans cesse dans les discussions sur le genre. Cette tactique propose de s'en prendre plus systématiquement non pas seulement aux effets du paradigme du genre – la logique de résultats nous incitant généralement à rester dans l'opposition des termes –, mais à sa production symbolique et matérielle, c'est-à-dire aux mécanismes qui constituent et réinstituent dans la vie sociale la frontière de la différence sexuelle et avec elle, toutes ses normes.

Une stratégie féministe qui déploie le neutre s'adresse moins à une catégorie de population, de corps ou de subjectivités qu'à un système, des pratiques sociales, politiques, institutionnelles. Elle s'adresse à des normes qui nous construisent, nous traversent, et qui, pour certain·es, nous font vivre et exister, pour d'autres, nous marginalisent ou nous excluent, et pour tou·tes, réduisent nos potentialités.

---

1. De nombreuses penseuses féministes ont mis en lumière ce paradoxe. Voir par exemple, Joan W. Scott « L'énigme de l'égalité », *Cahiers du Genre* vol.33 n° 2, 2002.

Un féminisme animé par le neutre cherche à déstabiliser ce paradigme. Il repère les productions collectives des normes de genre pour dégager des espaces de liberté, mais aussi, par conséquent, des espaces d'alliance entre des personnes qu'on avait jusqu'alors opposées sur des sujets qui les concernent tou·tes. Je pense ici par exemple au soin de la communauté et de ses membres plus vulnérables, aux actions visant à soutenir le monde et le rendre plus vivable, à la création en commun d'arrangements collectifs désaliénants et d'outils d'émancipation.

Le terme féminisme prend alors peut-être un sens un peu différent, bien que cette dimension ait toujours été contenue dans l'histoire du mot et de ses mobilisations, parfois explicitement et à d'autres moments plus marginalement. Le mot – et c'est là le malentendu dans lequel se trouvent celleux qui lui préfèrent ceux d'humanisme ou d'universalisme – ne devrait pas signifier une lutte *pour* les femmes. Les afroféminismes, les féminismes trans, lesbiens ou ouvriers l'ont souvent démontré, les femmes ne sont pas toutes affectées de la même façon par tels ou tels arrangements collectifs, telles ou telles structures sociales, telles ou telles normes culturelles. Elles ne sont pas toutes pareillement dominées, oppressées selon les mêmes modalités et avec la même intensité.

Rappelons-le, une politique du neutre est une tactique d'altération de l'ordre social consciente des paradigmes parasites qui colonisent toujours certaines luttes, même les plus émancipatrices, mettant à mal les désirs d'horizontalité. Un féminisme animé par le neutre prend au sérieux les reproductions des normes qui empêchent le développement de terrains d'entente : le racisme ou l'islamophobie dans les luttes féministes, mais aussi le classisme, le cissexisme, le capacitisme. C'est-à-dire ici, les paradigmes blanc/non-blanc, trans/cis, valide/non-valide qui ne peuvent s'empêcher de recomposer les combats contre le paradigme du genre, et inversement.

Le neutre nous pousse à adopter le prisme des structures, des assignations et des normes reconduites plutôt que celui des identités, plutôt que celui des groupes et de la guerre qui les oppose. Il pousse à construire des alliances sur ce que l'on veut, et plus seulement sur ce que l'on est. Le neutre fait advenir un féminisme qui ne trouve pas nécessairement son origine dans une expérience similaire, mais dans le désir d'un autre monde commun. Un autre monde qui n'est pas une utopie toujours reportée à plus tard, mais qui s'incarne concrètement, ici et maintenant, dans des modes d'être, des modes d'organisation, des modes de pensée.

Un usage féministe du neutre pourrait suggérer un rapport au monde moins souverain, moins frénétiquement accroché à nos certitudes, à nos croyances à propos du genre en général, de celui des autres et il est vrai, aussi un peu du nôtre. Les différences de genre ne sont ni le fondement de ce qui nous fait tenir ensemble ni une donnée non questionnée et donc toujours surplombante de nos être-là communs.

Être un peu moins assigné·e, ou sexué·e différemment, ne signifie pas forcément abandonner d'autres formes de collectivités. A-t-on vraiment besoin de partager un état civil ou la conscience d'un état civil pour agir collectivement ? Le neutre remet en question la nécessité de construire des alliances politiques en fonction de lignes d'identité.

Hannah Arendt proposait une distinction entre le *quoi* de l'identité constituée par les appartenances sociales, les grands ensembles qui structurent les groupes (sexe, religion, classe, ethnie…) et le *qui*. Ce dernier ne serait plus une identité déterminable, mais une singularité qui émerge de l'action et de la parole politique, au milieu des égaux, et qu'on ne peut ni prévoir ni conserver puisqu'elle est aussi sujette à l'altération que provoquent les actions, discours et gestes des autres[1]. Le *quoi* selon Arendt ne peut fonder une base légitime pour la constitution de solidarités politiques. Or, il est possible que la prégnance du genre dans la vie sociale nuise, plus qu'Arendt ne l'avait vu, au développement de liens politiques libérés des diverses variables du *quoi* de l'identité permettant l'émergence d'un *qui* toujours construit en commun.

La suspension des binarismes recompose nos formes de solidarité à partir d'autres types de liens, des conditions d'existence partagées, des formes diverses de vulnérabilité ou des communautés d'affections, comprises au sens large. Par qui, quoi, quels arrangements sommes-nous ensemble affecté·es ? Que souhaitons-nous faire de ces affections, comment voulons-nous les transformer ?

Les hommes sont bien affectés par les normes de genre, ils peuvent certes en profiter et ils le font souvent drastiquement, mais beaucoup commencent à considérer qu'ils en sont affectés négativement : la colère comme seule émotion légitime, l'incapacité à dire et exprimer des

1. Hanna Arendt, *Condition de l'homme moderne*, Pocket, 2017 (première édition 1958).

émotions, les somatisations sourdes et violentes, la propension aux risques, les injonctions de la masculinité qui rendent difficiles ou coûteuses les sorties de route vers d'autres terrains.

Parce qu'elle altère le binarisme, la tactique du neutre ne conteste donc pas seulement les normes de la féminité. Elle cherche aussi à déconstruire et transformer les masculinités hégémoniques, à défaire ces dernières des rigidifications que le paradigme du genre leur impose. Cette stratégie enjoint à agir, à parler, à militer contre la colonisation de tout ce qui est de l'ordre de la neutralité, du général, de l'universel par les corps, les valeurs et les expériences associés au masculin. Mais elle nécessite aussi de dénoncer et renoncer au monopole du féminin et des personnes qui s'y reconnaissent sur la fragilité, la vulnérabilité et la douceur, sur les pratiques du soin et de la sollicitude.

Je ne mets pas en cause ici la fatigue de beaucoup de femmes face au comportement de la plupart des hommes. Le paradigme est épuisant. Je propose simplement, avec la neutrisation du genre, une stratégie pour ne pas s'arrêter à cet épuisement, pour ne pas en faire une sécession, car, dans notre société, la sécession est vaine. On en oubliera toujours certaines sur la route et sauver seulement les femmes, c'est sauver *aussi* le binarisme et les structures symboliques qui justifient et soutiennent la domination des femmes par les hommes. Ce serait former une boucle sans fin dont on ne se sortirait pas.

Neutriser le genre permet de n'embrasser ni les mythes du féminin ni les idéaux universalistes irrémédiablement repoussés à plus tard. Cela nous amène à reconnaître ce qui dans les conditions sociales nous sépare, tout en cherchant à dissoudre ces séparations, ces productions de la différence, des différences.

Cela enjoint à suspendre les lignes de rapprochement et de fracture qui reposent de près ou de loin sur des critères corporels, biologiques, identitaires pour dessiner et préciser des alliances qui s'appuient sur des projets politiques. Puisqu'elles conditionnent des intérêts, les significations corporelles jouent certes un rôle dans nos sensibilités à telle ou telle vision, telle ou telle proposition. Mais elles ne sont pas définitivement déterminantes, elles ne doivent pas l'être. La question, donc, n'est pas de savoir si ces significations corporelles comptent, mais comment faire pour qu'elles comptent le moins possible, pour qu'elles ne verrouillent pas le champ d'action en surgissant continuellement dans la vie sociale, en nous séparant toujours un peu plus.

C'est un numéro d'équilibriste à l'attention de celleux qui rappellent sans cesse l'importance, l'inévitabilité de l'ordre symbolique du genre, le poids de la différence fondamentale pour nos organisations psychiques et collectives. Pour celleux, aussi, qui souhaitent voir advenir une multiplicité de différences de genre, qui appellent aux variations individuelles et collectives à plusieurs thèmes. Et pour celleux, enfin, qui soutiennent, souvent à juste titre, que les hiérarchies de genre ne pourront s'abolir sans une lutte unitaire, collective, classique contre les prises de pouvoir, les violences et les enfermements imposés aux corps des femmes, mais aussi aux corps de celleux d'entre nous qui ne se reconnaissent pas si facilement dans les ciscarcans de la féminité et de la masculinité hégémoniques.

La proposition du neutre vise à réaliser un pas de côté face à des oppositions qui semblent si souvent indépassables : différence-conformité ; identité-fluidité ; déploiement individuel de subversions genrées et luttes collectives pour l'égalité.

Exercice d'imagination

À quoi ressemblerait un monde dans lequel le premier élément que l'on percevrait des autres ne serait pas d'emblée leur position dans le paradigme ?

Ce serait un monde dans lequel un corps non reconnaissable dans les cartes du genre ne serait pas un outrage à la morale ou un *bug* dans la matrice de nos fonctionnements cognitifs. Un monde dans lequel l'on remarquerait d'abord la couleur d'un œil, la douceur d'une expression faciale ou l'intensité d'un regard avant de reconnaître un genre. Celui-ci serait devenu un élément parmi d'autres, il aurait perdu de sa prégnance, de son absolue royauté. Considère-t-on par exemple que les gens aux cheveux châtains sont plus doux que les autres ?

Un monde dans lequel les cours de récréation ne seraient pas ordonnées presque toujours selon le modèle ancestral des petits garçons jouant au foot au centre et des petites filles papotant dans les recoins, un monde où les princesses vaincraient des dragons, sauveraient des princes et se marieraient entre elles ou même un monde où les personnages de conte pour enfants ne seraient pas systématiquement d'un genre déterminable.

Dans ce monde-là, les personnes aux traits physiologiques plutôt masculins pourraient aussi porter des talons et des robes. La mode serait un peu plus souple, et surtout plus souple pour tout le monde. On ne sait toujours pas vraiment à ce jour ce qu'est la version androgyne du vestiaire masculin grand public. La présence d'une barbe et de rouge à lèvres sur un même visage ne serait plus une aberration, le signe d'une extravagance ou un motif de violence. Cette association même serait insignifiante, non plus seulement dans certains lieux, mais dans des situations sociales banales.

Ce monde redonnerait leur place dans la hiérarchie des préoccupations sociales et politiques aux pratiques qui permettent à tou·tes de persister, celles qui consolent, nourrissent, soignent, éduquent, accompagnent. Il cesserait de les attribuer essentiellement aux femmes et à des groupes précarisés. Ces pratiques y seraient réellement l'affaire de tou·tes.

Ce serait un monde, finalement, dans lequel le genre ne serait plus un principe structurant de la vie sociale, un principe fondamental qui ordonne et hiérarchise les corps, les expériences et les relations sociales.

Le neutre comme stratégie politique n'impose pas des formes de vie, mais leur donne la possibilité d'exister. Il ne propose pas non plus un éventail de choix comme on proposerait un parfum de crème glacée. Il suspend les moments qui exigent justement de faire un choix. Il ne construit pas les choix, il dit simplement : « Mangeons autre chose, faisons sans crème glacée, débarrassons-nous de notre obsession pour les crèmes glacées. Essayons de finir les repas sur des fraises, un bout de chocolat ou une tarte au citron. »

Ce serait d'ailleurs bizarre que nos goûts – ou dégoûts – pour les desserts organisent autre chose que les fins de repas ou les goûters. Peut-on se figurer des toilettes pour les amateur·rices de tartes au citron et d'autres pour les féru·es de chocolat ? Et on n'imagine pas que les becs sucrés puissent être mieux lotis, moins exposés à des risques de violences sexuelles, plus susceptibles d'occuper des positions de pouvoir que les personnes qu'une gourmandise laisse indifférentes.

La comparaison peut sembler grotesque. Si l'on prend le genre pour une crème glacée, que faire dans ce cas du désir, de la sexualité, du mariage, de la famille et finalement de l'ordre social ? Le genre et le goût pour le sucre sont bien des choses complètement, intrinsèquement différentes. Certes, mais elles ont au moins un point commun : celui de provoquer l'une et l'autre une certaine addiction. L'addiction au genre semble simplement plus naturelle et plus nécessaire à nos existences.

Au vu des violences, des empêchements et des inégalités que le paradigme produit, ce qu'il adviendrait de nous si nous nous en défaisions en partie ne peut pourtant pas être si terrible. Il est temps de considérer que les organes génitaux tout comme la bipartition du monde en deux sphères exclusives ont organisé trop longtemps déjà l'ordre social. Et puis, on peut se rassurer, ils l'ont organisé si longtemps qu'ils ne disparaîtront pas de sitôt de nos imaginaires et sociétés – et surtout sans laisser de trace.

Que reste-t-il si nous ne sommes plus les sujets exclusifs de la norme, les sujets définis et construits par la norme ? Pouvons-nous parler depuis le dehors du genre, son avant ou après ? À quoi ressemble finalement un monde *post-genre* ? Nul ne le sait. Il n'y a pas de programme pour un après le démantèlement et la vie sociale reprendra sûrement ses droits pour refaire du paradigme, rebâtir du sens là où le neutre l'avait suspendu, pour policer les êtres, les ranger, les catégoriser.

Il y aura toujours des résidus du genre. Ou, dit autrement, nous ne cesserons pas d'être défini·es par les normes de genre, de nous définir et de nous comprendre en fonction d'elles. Mais on aura négocié, on aura gagné avec le neutre, avec la dissolution de certaines de ces instanciations, un peu de marge de manœuvre contre la norme pour retarder, déplacer et suspendre son action et sa reproduction. Peut-être que le neutre transforme les marques indélébiles du paradigme pour les réduire à l'état de trace.

Les traces d'un paradigme, c'est ce que l'on retrouve dans des expressions mineures de ses termes, retournées au statut de puissances. C'est ce que l'on trouve quand un système de sens n'est plus un paradigme, c'est-à-dire un marquage des corps et des subjectivités. Le vouloir-saisir du paradigme produit des marques et ces dernières sont toujours, si ce n'est définitives, tout du moins clairement définies, observables, calculables. Les frontières qui délimitent les traces sont au contraire poreuses. On ne sait pas où elles commencent et où elles s'arrêtent, tantôt effacées par le cours du temps, tantôt présentes, mais trop fines pour être étanches. De la marque, on peut tout savoir si l'on cherche, et quand elle s'abat sur nous, il est très coûteux d'y échapper. Les traces sont plus silencieuses, plus discrètes, plus intimes aussi. Elles ne s'imposent pas à nous, ne relèvent pas de la convocation, mais se découvrent dans une suggestion ou une invitation.

Le neutre et l'altération qu'il provoque laissent évidemment des traces de féminité et de masculinité. Mais l'altération du neutre retire aux différences leur statut de marques indélébiles et imposantes. Alors que les marques nous collent à la peau, les traces sont vulnérables aux vents, aux marées et surtout au temps. Elles ne disparaissent pas complètement, mais elles peuvent lentement, tranquillement, *doucement* s'estomper pour laisser la place à autre chose.

Je reconnais que cet exercice d'imagination peut être effrayant. Mais n'en déplaise aux habitués des paniques du genre, aux autorités psychanalytiques, religieuses ou simplement patriarcales, un tel exercice porte également une silencieuse promesse, qui a peut-être à voir avec la possibilité d'un soulagement.

Soulagement de la petite fille qui aimerait bien pouvoir monter à cet arbre et à qui on a tant dit au point qu'elle finisse par se le répéter elle-même – « attention, tu vas tomber, ou te salir ». Soulagement de ce petit garçon, et plus tard de cet homme qui, pleurant, exprimant son amour, sa tristesse ou son inquiétude, s'entend intenter de ravaler ses larmes, de ne pas tant s'inquiéter, d'être courageux, fort, « d'être un homme, mon fils ! » au point qu'il soit devenu presque incapable de nommer et de reconnaître la complexité des affections qui le traversent.

Un soulagement pour les femmes «pas assez féminines» de ne pas avoir à écoper des regards suspicieux des autres dans les espaces réservés aux dames – sanitaires, toilettes publiques, vestiaires. Et pour les hommes dont la douceur de la voix, la démarche allégée et les vêtements un peu près du corps rendent invivable l'expérience des espaces saturés de normes masculines. Un soulagement peut-être de ne plus se sentir tant obligé·es, enfermé·es, contraint·es par les normes.

Et une excitation aussi face à l'inconnu des possibles, des expérimentations ouvertes, face à la possibilité d'évoluer dans l'espace, dans les institutions, en échappant au moins pour un temps à la compagnie de la norme, à sa régulation. Une forme de libération douce, discrète, qui aurait peu à envier aux grands soirs et dégagerait plutôt une fraîcheur de petits matins.

Épilogue

Pour finir, il faut rappeler que les paradigmes hiérarchisants n'opèrent pas tous et en tout lieu de la même façon et ne se reproduisent pas avec les mêmes mécanismes. Les propositions de ce livre ne sont donc pas applicables partout, tout le temps, et avec les mêmes intensités pour l'ensemble des binarismes que j'ai pu évoquer jusqu'ici. Elles constituent plutôt un ensemble de suggestions pour s'employer à identifier et à défaire les dispositifs sociaux et culturels qui continuent de graver en nous l'œuvre aliénante et inégalitaire des binarismes. Elles forment une invitation à déployer des stratégies qui prennent garde de ne pas reconduire le binarisme qu'elles pensaient justement combattre et qui s'abstiennent aussi d'en renforcer d'autres par inadvertance.

Le neutre et la douceur requièrent une attention spécifique aux différents contextes et moments de la vie sociale afin de choisir la voie de transformation la plus à même de façonner des espaces, des lieux de vie et des collectifs horizontaux.

Bien sûr, ces propositions n'épuisent pas la palette des politiques émancipatrices. Elles se présentent simplement comme une corde de plus à l'arc de celleux qui cherchent à transformer l'ordre social parce qu'iels le trouvent injuste. Une corde souvent utile, d'autres fois cruciale, mais une corde à qui il faudra aussi parfois préférer un combat moins doux ou qui s'exprimera clairement et furieusement dans les termes du paradigme.

Le neutre, on l'aura compris, n'est pas une impuissance, il n'est pas non plus une position désengagée qui laisse se déplier sans l'affecter l'ordre du monde, ses normes, ses relations de pouvoir. Il est au contraire ce qui permet aux possibles d'advenir, aux différences de se rendre visibles, aux alternatives d'émerger. Si le neutre est une activité transformatrice, il est non seulement désirable, mais praticable. Il est une voie à emprunter, une attitude à déployer, une politique à imaginer. Et son déploiement révèle des richesses jusqu'ici insoupçonnées.

L'altération du neutre suspend ces mondes que l'on connaît trop bien pour laisser les alternatives s'échapper et pour que prennent place ceux que l'on connaît trop peu. Son principe est ce qui, même quand le monde est transformé, ouvre la possibilité d'une variation, d'une complexité. La complexité du monde réside dans tout ce qui n'est pas saisissable, ce qui se trouve en dehors du paradigme, ce qui reste quand on a épuisé les normes. Elle est dans le surgissement du nouveau au creux des quadrillages de la réalité sociale. Dans l'infinité des possibles.

Remerciements

L'écriture, comme le reste de nos existences, est déterminée et traversée parfois sans qu'on soit tout à fait capable d'en évaluer la mesure, par les autres, par les liens que nous entretenons avec elles et eux, par les conversations, les lectures, les influences, les désaccords ou simplement par le fait de vivre, de grandir et d'habiter le monde côte à côte.

Que soient ici remerciées les personnes dont le rôle dans cette entreprise plus intensément ressenti me permet de nommer.

Pour sa confiance, ses idées, ses mille et un encouragements et relectures, pour m'avoir incitée et aidée, toujours avec délicatesse, à penser et à écrire plus librement, Dominique Quessada.

Pour sa lecture minutieuse du manuscrit et ses judicieuses suggestions, Gaïa Mugler.

Pour leur enthousiasme, leurs relectures fines et précises du texte à différents moments de son développement, mais aussi leur indéfectible amitié, Camille Collin et Romain Jaouen.

Pour leurs contributions aux idées ici suggérées par des discussions à propos de ce texte ou de nombreux autres, Astrid von Busekist, Emanuele Coccia, Joseph Fischel, Lucile Richard, Léna Silberzhan, Paolo Sosa Villagarcia, Felix Pal.

Pour leur soutien inconditionnel prenant des formes variées, mais toutes déterminantes, Danièle, Jean-Michel, Julien, Nolwenn et Ariane Braunschweig ; Huma Rosentalski ; Tara, Sienna, Thadeus. Et tou·tes ceux et celles de mes ami·es de longue date qui sauront, je l'espère, se reconnaître.

Pour sa présence, son amour, ses indignations contagieuses et son intarissable curiosité, Stéphanie Dupont.

Pour l'intimité partagée, la quotidienne complicité, les relectures attentives et précieuses, la multiplicité, enfin, des forces conférées, Olivier.

Table

Si vous souhaitez être tenu informé des parutions
et de l'actualité des éditions Les Liens qui Libèrent,
visitez notre site :
http://www.editionslesliensquiliberent.fr

Composition : In folio

Achevé d'imprimer en septembre 2021
par Normandie Roto Impression s.a.s.
à Lonrai

Dépôt légal : octobre 2021
N° impr : 2104054
Imprimé en France